Armin Roßmeier

Die besten Rezepte

Fettarme Küche

Leichtes und bekömmliches Kochen. Low-fat-Rezepte
für mehr Vitalität und besseres Körpergefühl

Südwest

Inhalt

Öle – die gesunde Alternative zu Fett. Als Faustregel gilt: je flüssiger, desto gesünder.

Auch Süßes kann fettarm sein. Vor allem Früchte bieten jede Menge Verführendes für Ihre Geschmacksnerven.

Ein Tropfen Öl im Getriebe

Kein guter Mechaniker gönnt dem Motor mehr als einen Tropfen Öl – aber ganz ohne Öl geht's auch nicht. Auf das richtige Maß kommt es an, nicht nur bei Maschinen. Auch der menschliche Körper reagiert sensibel auf eine falsche Dosierung. »Überfluss tut selten gut« – speziell aufs Fett bezogen ist weniger oft mehr.

Fett – Verführung und Notwendigkeit

Fett ist bei vielen Verbrauchern der Nährstoff mit dem größten Negativimage. Die hohe Zahl übergewichtiger Personen und zahlreiche Zivilisationskrankheiten werden auf den übermäßigen Fettverzehr zurückgeführt. Trotz des schlechten Images überschreitet die tatsächliche Aufnahme an Fett in der täglichen Nahrung seit langem den Bedarf. Das kommt daher, dass Fett ein Geschmacksträger ist – die cremig-sahnigen Verführer, ob süß oder pikant, bezirzen unsere Geschmackspapillen. Eine weitere Ursache für die zunehmenden Gewichtsprobleme unserer Gesellschaft sind schlechte Ernährungsgewohnheiten und mangelnde Bewegung.

Wussten Sie, dass die Deutschen innerhalb der letzten fünf Jahrzehnte im Durchschnitt um acht Zentimeter breiter und 18 Kilogramm schwerer wurden?

Können wir auf Fett verzichten?

Bevor wir jedoch den Fetten abschwören, gilt es zu bedenken, dass neben Kohlenhydraten und Eiweiß Fette zu den Hauptenergielieferanten gehören und im menschlichen Körper eine Reihe wichtiger Funktionen übernehmen: Ohne Fett im Gewebe würden wir uns bei jedem Stoß die Knochen brechen, die Haut würde spröde, Kälte könnte vom Organismus nicht mehr abgewehrt werden. Empfindliche Organe wie das Gehirn, die Nieren oder die Augäpfel sind zu ihrem Schutz in einen Fettmantel eingehüllt. Die so genannten fettlöslichen Vitamine A, D, E und K sind für unseren Körper lebensnotwendig, benötigen aber Fette für die Aufnahme und Verwertung im menschlichen Organismus.

Durch vorwiegend sitzende Tätigkeiten ist der Kalorienbedarf jedes Einzelnen um mindestens ein Drittel gesunken. Während Mangelernährung früher oft die Ursache für Krankheiten war, sind viele der heutigen Zivilisationskrankheiten die Folge von Überernährung.

Gestern und heute

Fleisch und fettes Essen galten viele Jahrhunderte lang als Privileg der Reichen. Das einfache Volk hingegen ernährte sich vor allem von Getreidebreien, die zwar ebenfalls reichlich Energie liefern, aber fettarm sind. Sie sind daher wesentlich gesünder, denn Fettkalorien werden in Depots abgespeichert, während Kalorien, die der Körper durch Kohlenhydrate bezieht, verbrannt werden und somit Energie freisetzen. So ist ein Linseneintopf ohne Speck wegen seiner vielen Kohlenhydrate längst nicht so ein Dickmacher wie beispielsweise ein Rumpsteak mit Kräuterbutter.

Die Aufgaben von Fett
- Energielieferant
- Bestandteil der Zellmembran
- Ausgangsprodukt für biologisch wirksame Substanzen
- Wärmeschutz
- Mechanische Schutzfunktionen
- Träger von fettlöslichen Vitaminen
- Träger von Aroma- und Geschmacksstoffen

Das Wirtschaftswunderland

Die »schlechten Zeiten«, in denen gutes Essen Milchsuppe mit Brotbrocken, Kartoffeleintopf, Erbsensuppe oder Rübeneintopf bedeutete, als die Hausfrau aus etwas Suppenfleisch einen Festtagsbraten fabrizierte und zum Dessert Himmel und Hölle (Kartoffeln mit Apfelmus) servierte, sind bei uns vorbei. Vorbei die Zeit, in der Lebensmittel auf 1040 Kilokalorien pro Tag rationiert waren: Die Menschen haben im Nachkriegsdeutschland ordentlich zugelegt. Vormals extrem teure Nahrung wurde erschwinglich, die Auswahl an Lebensmitteln wuchs beständig. Statt des Hungers regierte der Appetit. Und während die körperliche Arbeit durch den zunehmenden Einsatz von Maschinen abnahm, wuchs der Wohlstandsbauch.

Ein neues Bewusstsein

Heute wird in der Bundesrepublik mit durchschnittlich 130 bis 150 Gramm pro Tag und Einwohner immer noch zu viel Fett gegessen. Nur etwa 25 Prozent der dem Organismus zugeführten Gesamtenergiemenge sollten nach Empfehlungen der Deutschen Gesellschaft für Ernährung (DGE) aus Fett bestehen. Der tägliche Bedarf eines Erwachsenen liegt demnach – je nach Körperbau – zwischen 60 und 80 Gramm.
Fettarm essen muss nicht heißen, dass alle Gaumenfreuden passé sind. Spitzenköche und Gourmets halten Vollwertmenüs und vegetarische Gerichte mittlerweile für selbstverständlich. Mehr und mehr interessieren sich auch Frauen und Männer am heimischen Herd für die schlanke Linie. Das Angebot an Light- und Diätprodukten wächst kontinuierlich. Dabei spielen modische Erwägungen eher eine untergeordnete Rolle.

Es ist Zeit umzudenken. Durch weniger Fett in der Nahrung können Dicke langfristig schlanker, Kranke gesund und Gesunde leistungsfähiger werden. Kurzzeitige Diäten werden von Ernährungswissenschaftlern abgelehnt, da nur eine langfristige Ernährungsumstellung dauerhaften Erfolg bietet.

Nie mehr Diät

Tierische und pflanzliche Fette liefern bei der Verbrennung im Körper doppelt so viel Energie wie Eiweiß oder Kohlenhydrate. Ein Gramm Fett entspricht etwa neun Kilokalorien.

Dass Diäten nach dem Motto »Zehn Pfund in zwei Wochen« wenig sinnvoll sind, ist inzwischen den meisten bekannt. Oft werden bei diesen »Crashdiäten« nur Wasserdepots abgebaut, die eigentlichen Fettdepots jedoch bleiben. Selbst wer sich zwei Wochen eisern zusammenreißt, kehrt am Ende der Diät erleichtert zu seinen alten Ernährungsgewohnheiten zurück.

Wer Erkrankungen vorbeugen und seinen Gesundheitszustand verbessern möchte, muss von einigen Essgewohnheiten dauerhaft Abschied nehmen. Das fällt leichter, wenn man sich den Zusammenhang von veränderten Lebens- und Arbeitsbedingungen und der Zunahme der Zivilisationskrankheiten bewusst macht.

Mit Fisch gegen Fett: Zwar sind viele der Meeresbewohner heute mit Natrium oder Phosphat belastet, trotzdem gehören sie dank ihres Gehalts an ungesättigten Fettsäuren zu den gesünderen Lebensmitteln.

Der Fett-Chemiebaukasten

Fettsäuren bestehen aus Kohlenstoff, Wasserstoff und Sauerstoff. Ihr Grundgerüst besteht aus einer Kette von Kohlenstoffatomen, von denen jedes Atom bis zu vier Wasserstoff- oder Sauerstoffatome an sich binden kann. Sind alle Bindungen vorhanden, spricht man von gesättigten Fettsäuren. Kann der Kohlenstoff seine Bindungsmöglichkeiten nicht voll ausschöpfen, spricht man dagegen von einfach oder mehrfach ungesättigten Fettsäuren, je nach Anzahl der fehlenden Wasserstoff- und Sauerstoffatome. Dabei ist der Anteil der Doppelbindungen nicht nur maßgeblich für die Konsistenz, sondern auch für die Verdaulichkeit der Fette. Grundsätzlich gilt: Je flüssiger ein Fett ist, desto mehr ungesättigte Fettsäuren enthält es – dies gilt für fast alle Pflanzenöle. Harte Plattenfette, Butter oder Schweineschwarte haben dagegen reichlich gesättigte Fettsäuren, ebenso Milch, Wurst und Fleisch.

Ungesättigte Fettsäuren

Einfach ungesättigte Fettsäuren findet man in Olivenöl oder Rapsöl. Sie sind zum regelmäßigen Verzehr zu empfehlen, da sie den Cholesterinspiegel senken.
Die wichtigsten mehrfach ungesättigten Fettsäuren sind Linolensäure (Omega-6-Fettsäure) und Linolsäure (Omega-3-Fettsäure). Sie sind in zahlreichen pflanzlichen Ölen enthalten. So sind Leinöl, Rapsöl und Sojaöl reich an Linolensäure. Linolsäure findet sich in Sonnenblumenöl, Distelöl oder Maiskeimöl. Auch in Kaltwasserfischen wie Hering, Makrele, Kabeljau und Lachs ist Omega-3-Fettsäure enthalten. Zur Vorbeugung von Arteriosklerose sollte man deshalb mindestens zweimal pro Woche Fisch verzehren.

Nahrungsfette (= Triglyzeride) setzen sich immer aus einem Teil Glyzerin und drei Fettsäureresten zusammen. Streichbare und feste Sorten bezeichnet man allgemein als Fett, bei Zimmertemperatur flüssige Sorten als Öl.

Essenzielle Fettsäuren

Sowohl Linolensäure als auch Linolsäure können vom Organismus nicht selbst gebildet werden. Man bezeichnet sie daher als lebensnotwendige, also essenzielle Fettsäuren. Sie dienen der Synthese wichtiger Biostoffe im Körper und müssen dem menschlichen Organismus regelmäßig über die Nahrung zugeführt werden.

Gesättigte Fettsäuren und Transfettsäuren

Vorwiegend in Butter kommt die Palmitinsäure vor. Sie ist ein typischer Vertreter der gesättigten Fettsäuren. Transfettsäuren hingegen entstehen bei der Margarineherstellung durch die Härtung und Umesterung von Pflanzenfetten. Sie kommen in kleinen Mengen auch in tierischen Fetten vor, da sie im Rindermagen gebildet werden. Man sollte versuchen, die Zufuhr von Transfettsäuren niedrig zu halten, denn bezüglich ihrer Einwirkung auf den Cholesterinspiegel sind Transfettsäuren mit den gesättigten Fettsäuren vergleichbar.

Cholesterin

Cholesterin gehört zu den Steroiden, einer Untergruppe der Fette. Normalerweise reicht die Eigenproduktion von Cholesterin in der Leber völlig aus, so dass eine Zufuhr über die Nahrung nicht notwendig ist. Je nachdem wie viel Cholesterin dem Körper von außen zugeführt wird, drosselt oder steigert er seine Produktion. Ein körpereigenes Regulierungssystem sorgt dafür, dass immer ausreichend, aber nie zu viel Cholesterin zur Verfügung steht. Wird zu viel davon zugeführt, wird das Gleichgewicht gestört: Überflüssiges Cholesterin lagert sich an den Arterienwänden ab und führt langfristig zu Erkrankungen des Herz-Kreislauf-Systems.

Mit Hilfe von Cholesterin wird das für den Knochenaufbau wichtige Vitamin D gebildet. Cholesterin ist außerdem Bestandteil der Zellwände, dient als Vorstufe bei der Bildung von wichtigen Hormonen im Körper, beispielsweise der Sexualhormone und Kortisol.

Lightprodukte – die Leichten?

Der Begriff »light« oder »leicht« ist nicht gesetzlich geschützt. Das Angebot der Lightprodukte in den Supermärkten ist verwirrend. Ursprünglich wurden diese Produkte als diätetische Lebensmittel eingesetzt, z. B. bei Fettsucht oder Diabetes mellitus. In Quarkspeisen und anderen Milchprodukten ersetzte man Zucker oder Fruchtzucker durch Süßstoffe. Das Angebot erweiterte sich bald um Lebensmittel, deren Fettgehalt künstlich vermindert wurde. Schnell erkannten auch alle Diätwilligen, dass sich diese Produkte gut für eine Diät oder eine Umstellung der Ernährung eignen.

Nimm's light

Man muss schon genau hinsehen und das Kleingedruckte lesen: Kalorienreduzierte Lebensmittel müssen eine Nährwertanalyse auf der Packung aufweisen, mit allen Zutaten und Kalorienangaben pro 100 Gramm oder 100 Milliliter. Dort sollte auch stehen, wie viel Fett in 100 Gramm enthalten ist, denn nur so kann man vergleichen. Echte Butter hat beispielsweise etwa 80 Prozent Fett. Wenn ein Streichfett mit dem Aufdruck »50 Prozent weniger Fett als Butter« wirbt, hat es immer noch 30 Prozent Fett. Lassen Sie sich also von Lightprodukten nicht täuschen. Die Aufschrift »light« deutet zwar darauf hin, dass sie weniger Kalorien enthalten, fettreduzierte Leberwurst belastet Ihr Fettkonto dennoch mehr als beispielsweise Putenwurst.

Außerdem müssen Sie bei den fettarmen Varianten aus dem Labor oft geschmackliche Einbußen in Kauf nehmen. Allzu oft wird nämlich der reduzierte Fettanteil eines Nahrungsmittels durch eine schlichte Erhöhung seines Wasseranteils erreicht.

Achtung bei Lightprodukten: Mit der werbewirksamen Aufschrift »fettreduziert« wird der Kunde oft aufs Glatteis geführt.

Fett und Gesundheit

»Er frisst entsetzlich …«, schrieb der Dichter Jean Paul nach einem Besuch bei Johann Wolfgang Goethe im Jahr 1796. Auch andere Besucher waren erstaunt über die ungeheuren Mengen Gänsebraten und »vom Konditor schön geformten Kuchen«, die der Dichterfürst vertilgen konnte. Kein Wunder, dass »der Mann, der so edel in dem Ausdruck seines Körpers war«, bald seines Bauches wegen, der »wie der einer hochschwangeren Frau« aussah, bedauert wurde. Erst als Störungen und Krankheiten auftraten, hielt sich Goethe beim Essen und Weintrinken zurück und wurde etwas schlanker.

Solange Übergewicht als ästhetisches Problem behandelt wird, sind die wenigsten bereit, ihre Ernährung konsequent und dauerhaft umzustellen.

Oft hört man: Die Gene sind schuld. Teilweise trifft das zu. Die Erbmasse bestimmt den Körperbau: Stämmige Beine, füllige Hüften, viel Po – das alles kann im persönlichen »Bauplan« eines Menschen festgelegt sein. Dieser lässt sich in seiner grundsätzlichen Konzeption auch durch noch so radikale Diäten nicht ändern.

Figur nach Maß?

Gezielt da abzunehmen, wo die Pfunde am wenigsten erwünscht sind, das ist leider nicht möglich. Übergewicht ist jedoch weder ein unabwendbares Schicksal, noch wird es vererbt: Es lässt sich durch eine gesunde, ausgewogene Ernährung in den Griff bekommen. Und das ist wichtig, denn Übergewicht macht auf Dauer krank. Es ist ein bedeutender Risikofaktor bei allen Herz-Kreislauf-Erkrankungen.

Es ist erstaunlich, wie viele Menschen gerade von dem dick werden, was sie eigentlich gar nicht mögen: ölige Pommes frites, fettes Fleisch mit Sauce oder in einer Öllache schwimmender Salat.

Risikofaktor Übergewicht

Zu viel Fett ist die Hauptursache für Übergewicht, und nur durch Einsparung dieses Brennstoffs können Kilos wieder abgebaut werden. Aber warum können nun schlaksige junge Männer essen wie die Scheunendrescher ohne auch nur ein Gramm Fett anzusetzen, und warum werden manche Damen im Kaffeehaus quasi schon beim Anblick der Sahnetorte schwerer?

Für eine genauere Betrachtung braucht man mehr Informationen darüber, wie der Stoffwechsel arbeitet und welche Aufgaben die Fettzellen haben.

Wer zu Übergewicht neigt, sollte besonders auf seine Ernährung achten, oft erübrigen sich dann weitere medizinische Maßnahmen.

Entscheidend für Übergewicht ist der Anteil der Körpermasse, der nicht fett ist, man spricht auch von der stoffwechselaktiven Körpermasse. Diese magere Körpermasse (englisch: lean bodymass) besteht zum größten Teil aus Muskeln.

Wie hoch darf der Fettanteil sein?

Schlanke Frauen können in der Körpermasse einen Fettanteil von 22 bis 24 Prozent haben, bei Männern ist er mit 12 bis 15 Prozent noch niedriger. Je mehr Muskeln von den Fettzellen verdrängt werden, desto leichter bekommt man Übergewicht. Und das wirkt sich wiederum auf den Kalorienbedarf aus: Wie viel Kalorien der Körper zu seiner Ernährung braucht, ohne zuzunehmen, hängt nämlich vom Anteil der mageren Körpermasse ab. Fett wird vom Körper, wie auf Seite 5f. beschrieben, zur Polsterung und als Speicher benötigt. Dafür braucht es aber nur wenige Kalorien. Je höher der Anteil an Fettpölsterchen im Verhältnis zur Muskelmasse ist, umso weniger Kalorien können verbrannt werden. Je weniger Kalorien verbrannt werden, desto niedriger ist die Freisetzung von Fettsäuren aus den Depots.

Wer ist wirklich zu dick?

Da Muskeln ebenfalls Gewicht haben, kann man Gewichtstabellen nach dem Motto »Wer soundso groß ist, darf soundso viel wiegen« getrost zu den Akten legen. Niemand würde einen kräftigen, durchtrainierten Athleten nur aufgrund seines Gewichts als zu fett bezeichnen. Grob orientieren können Sie sich an dem so genannten Normalgewicht, das ist Ihre Körpergröße in Zentimetern minus 100.

Bei sehr kleinen und sehr großen Menschen funktioniert diese Formel allerdings nicht; außerdem wird der individuelle Knochenbau nicht berücksichtigt.

Der Bodymass Index

Um die individuellen Unterschiede im Körperbau bei der Berechnung des Körpergewichts aufzufangen, haben Ernährungswissenschaftler den so genannten BMI (englisch: Bodymass Index) entwickelt. Seine Berechnung ist ein wenig komplizierter: Für den BMI wird das Körpergewicht in Kilogramm durch das Quadrat der Körpergröße in Metern geteilt.

Mit einem BMI zwischen 18 und 25 sind Sie normalgewichtig. Liegt der BMI zwischen 25 und 30, bedeutet das leichtes Übergewicht, und ein BMI über 30 zeigt ein gesundheitsgefährdendes Übergewicht.

Bei Frauen sind Fettzellen an Hüften, Po und Oberschenkeln völlig normal. Der Körper legt sie an, um sich auf eine Schwangerschaft vorzubereiten.

BODYMASS INDEX – RECHENBEISPIEL

● Sie wiegen 70 Kilogramm und sind 1,70 Meter groß. Das Quadrat der Körpergröße ist 2,89 (1,70 x 1,70 = 2,89).

● 70 Kilo : 2,89 ergibt einen BMI von 24,2. Damit wären Sie normalgewichtig.

Herz-Kreislauf-Probleme

Der ideale Blut-
druckwert für
Erwachsene
liegt bei
120/80 mmHg.
Bei Werten
von über
160/115 mmHg –
nach neueren
Erkenntnissen
bereits ab
140/90 mmHg –
ist meist eine
medikamentö-
se Behandlung
notwendig.

Herz-Kreislauf-Krankheiten bleiben in Deutschland die bei weitem häufigste Todesursache. Fast jeder zweite der insgesamt 883 000 Menschen, die 1996 starben, kam wegen einer solchen Erkrankung zu Tode. Bei 424 000 Fällen ist dies ein Rückgang um 1,2 Prozent gegenüber 1995 – eine Entwicklung, die auf ein zunehmendes Gesundheitsbewusstsein zurückzuführen ist.

Zu hoch – zu niedrig

Menschen mit zu niedrigem Blutdruck spüren schnell, dass etwas nicht stimmt. Meist, aber nicht ganz zu Unrecht, sind sie als Morgenmuffel verschrien. Ihr Kreislauf hat morgens erhebliche Startschwierigkeiten; morgendliche Schwindelgefühle, Wetterfühligkeit, Schlaflosigkeit, Schweißausbrüche und Kältegefühle wie »kalte Füße bis rauf zu den Knien« sowie kalte Hände gehören zu den typischen Anzeichen für Hypotonie. In Deutschland leiden etwa zwei Millionen Men-

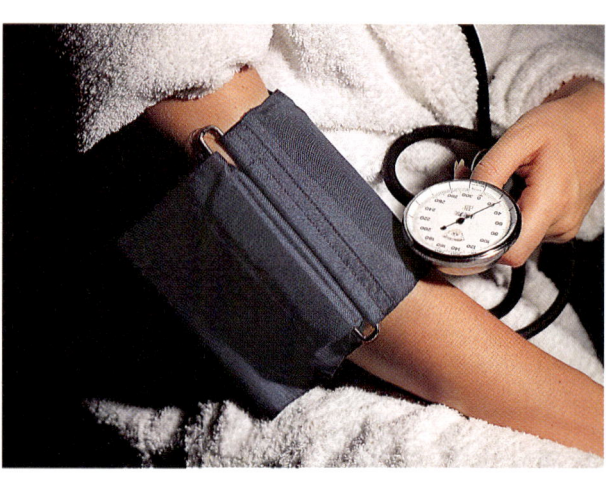

Blutdruck-
messungen
lassen sich in
jeder Apotheke
durchführen.
Die paar
Minuten Zeit,
die dafür nötig
sind, sollte Ihnen
Ihre Gesundheit
wert sein.

schen unter einem zu niedrigen Blutdruck. Etwa jeder fünfte Bundesbürger hat hingegen einen zu hohen Blutdruck. Bedauerlicherweise weiß dies jedoch nur etwa die Hälfte der Betroffenen, und nur ein Viertel befindet sich in ärztlicher Behandlung. Bluthochdruck ist eine Zivilisationskrankheit, die zu Beginn kaum Beschwerden verursacht. Gegen die Spätfolgen – von Arteriosklerose bis zum Herzinfarkt – kann man aber, nicht zuletzt mit der richtigen Ernährung, einiges tun.

Hypotonie – niedriger Blutdruck

Schwindelanfälle, Schweißausbrüche und Übelkeit sind kennzeichnend für zu niedrigen Blutdruck.

Wer bei niedrigem Blutdruck keine Beschwerden hat, kann sich freuen: Hypotoniker haben nachweislich eine höhere Lebenserwartung als der Bevölkerungsdurchschnitt. Einige der Beschwerden sind zwar sehr unangenehm und kräfteraubend, das Risiko, einen Infarkt zu erleiden, ist jedoch deutlich geringer.

Ursachen

Zu Hypotonie neigen oft große, schlanke Personen, jedoch auch psychische Belastungen und Stress können niedrigen Blutdruck zur Folge haben.
Zuweilen stecken ernsthafte Erkrankungen des Herz-Kreislauf-Systems hinter den Beschwerden. Suchen Sie in jedem Fall einen Arzt auf, und lassen Sie die Symptome abklären: Hypotonie kann im Extremfall zum Kreislaufkollaps führen.
Stellt der Arzt fest, dass der niedrige Blutdruck nicht Symptom einer Erkrankung ist, sollten Sie nur im Notfall auf blutdrucksteigernde Medikamente zurückgreifen; denn eine Behandlung, die langfristig die Ursachen der Hypotonie bekämpft, gibt es nicht.

Hypotonie – das können Sie tun

Gegen die unangenehmen Symptome zu niedrigen Blutdrucks helfen oft einfache Maßnahmen:

● 1 Tasse Kaffee oder schwarzer Tee bringt Ihren Kreislauf morgens in Schwung.

● Misteltee enthält herzwirksame Substanzen, die auf den Blutdruck regulierend wirken. Trinken Sie den Tee über den ganzen Tag verteilt.

● Morgendliches Wechselduschen – mindestens 3-mal kalt und 3-mal warm – oder Atemübungen bei offenem Fenster kurbeln den Kreislauf an.

● Vermeiden Sie schwere fette Mahlzeiten, denn sie können einen Blutdruckabfall verursachen. Essen Sie lieber öfter kleine Mahlzeiten.

● Baden Sie nicht zu lange und zu heiß. Als Badezusatz eignet sich besonders Rosmarin. Geben Sie 4 Esslöffel klein gehackten Rosmarin oder 15 Tropfen Rosmarinöl in das Badewasser. Rosmarin ist ein belebendes Nerventonikum und regt den Kreislauf sanft, aber nachhaltig an.

● Schlafen Sie in leichter Schräglage, der Kopf sollte etwa 15 Zentimeter niedriger liegen als die Füße.

Misteltee reguliert den Blutdruck: Setzen Sie 6 Teelöffel zerkleinerte Mistelblätter in 3 Tassen kaltem Wasser über Nacht an. Am nächsten Morgen seihen Sie den Sud ab und erwärmen ihn ein wenig, bevor Sie ihn trinken.

Hypertonie – Bluthochdruck

Beim Bluthochdruck wird zwischen primärem und sekundärem Hochdruck unterschieden. Wenn die Ursache der Erkrankung nicht bekannt ist, und das ist in 90 Prozent der Fälle so, spricht man von primärem oder essenziellem Bluthochdruck. In den Fällen von sekundärem Bluthochdruck ist die Hypertonie auf Nieren-, Drüsen- oder Herzerkrankungen zurückzuführen.

Grenzwerte bei primärem Bluthochdruck

Die Weltgesundheitsorganisation (WHO) hat Richt-
linien für den oberen (systolischen) und den unteren
(diastolischen) Blutdruckwert ermittelt. Die Maßeinheit sind Millimeter auf der Quecksilbersäule (mmHg).

Die systolischen Werte

▶ Nur leicht erhöht ist Ihr Blutdruck bei 140 bis
160 mmHg.
▶ Deutlich erhöht ist der Blutdruck bei 160 mmHg.

Hypertonie – das können Sie tun

● Achten Sie auf Ihr Gewicht, und versuchen Sie,
überflüssige Pfunde zu reduzieren: Menschen mit
Übergewicht haben wesentlich häufiger Bluthochdruck als normalgewichtige Personen.

● Meiden Sie Alkohol.

● Verzichten Sie auf Nikotin. Rauchen verengt die
Gefäße und verschlechtert dadurch die Fließ-
eigenschaften des Blutes.

● Treiben Sie Sport. Bewegung ist gut gegen Übergewicht und stärkt das Herz.

● Vermeiden Sie Stress – beruflich wie privat.

● Kalium fördert die Wasserausscheidung und wirkt
gefäßerweiternd. Dadurch sinkt der Blutdruck. Kalium
ist vor allem in Gemüse, Getreide, Obst, Fisch und
Nüssen enthalten. Besonders kaliumreich sind
Kartoffeln, Linsen und Sojabohnen.

● Manche Menschen reagieren auf salzreiche Kost
mit einem Anstieg des Blutdrucks. In diesem Fall
sollten Sie Salz in der Ernährung vermeiden.

Leider wird durch falsche Zubereitung der Kalium-gehalt von Lebensmitteln stark gemin-dert. Gemüse und Kartoffeln sollten daher in wenig Was-ser oder Fett gedünstet wer-den, zu viel Wasser laugt die Gemüse aus und das wertvolle Kalium landet im Abfluss.

Die diastolischen Werte

▶ Mit 90 bis 105 mmHg haben Sie milden Hochdruck.

▶ Mit 105 bis 115 mmHg haben Sie einen mittelschweren Hochdruck.

▶ Bei Werten über 115 mmHg leiden Sie an schwerem Hochdruck.

Einige Husten-, Schnupfen- und Grippe- mittel sowie Schlankheits- pillen wirken blutdruck- steigernd. Meiden Sie diese Medika- mente.

Gefäßerkrankungen und Fett

Eine zu hohe Fettzufuhr fördert die Arterienverkal-kung. Medizinisch nennt man die Verhärtung einer Ar-terie Arteriosklerose. Überflüssige Fettpartikelchen lagern sich an den Arterienwänden ab und führen lang-fristig zu einer Verengung der Gefäße. Kalkkristalle können diese Engstellen nicht mehr passieren. Der Ka-nal, durch den das Blut fließt, wird enger, die Versor-

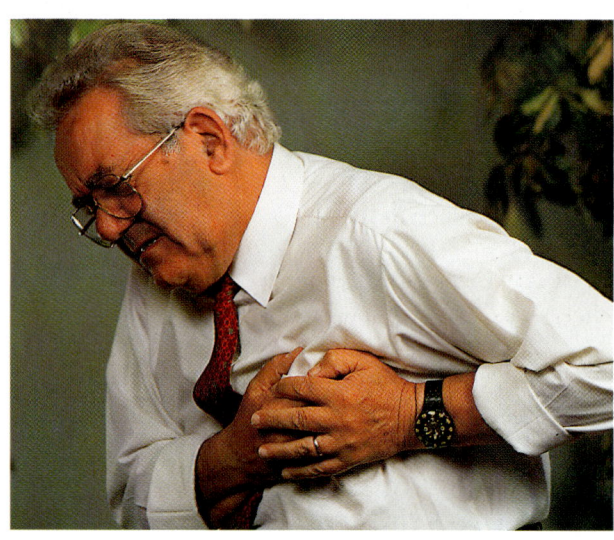

Die schlimmste Form einer Gefäßerkran-kung ist der Herzinfarkt. Auch ihm lässt sich mit vernünf-tiger Ernährung vorbeugen.

Arteriosklerose – das können Sie tun

Wenn Sie nicht gerade an der angeborenen Zuckerkrankheit oder einer ererbten Fettstoffwechselstörung leiden, können Sie das Risiko, an Arteriosklerose zu erkranken, verringern:

● Achten Sie vor allem auf eine fett- und cholesterinarme Ernährung.
● Verzichten Sie auf Nikotin.
● Meiden Sie übermäßigen Alkoholkonsum.

gung der Organe mit Nährstoffen und Sauerstoff wird mehr und mehr beeinträchtigt. Die Folge sind Bluthochdruck oder Durchblutungsstörungen, Angina pectoris, Herzmuskelschwäche, Thrombosen, Nierenversagen oder Sehschwäche.

Risikofaktor Arteriosklerose

Es können sich an arteriosklerotischen Ablagerungen auch Blutgerinnsel (Thromben) bilden. Die Adern wachsen dann immer weiter zu, bis der Blutstrom blockiert ist. Passiert dies in den Schlagadern, die das Gehirn versorgen, kommt es zu einem Schlaganfall. Geschieht es in den Herzkranzgefäßen (Koronararterien), kommt es zum Herzinfarkt.

Durch die Senkung der Fettzufuhr können bereits verdickte Arterienwände wieder »ausgedünnt« und das Erkrankungsrisiko vermindert werden.

Während die Organe selbst über 100 Jahre alt werden können, sind es oft die Gefäßkrankheiten, die das Leben verkürzen, da sie die Arbeit der Organe erheblich einschränken.

Durchblutungsstörungen und Cholesterin

Um Durchblutungsstörungen zu vermeiden oder zu lindern, ist es sinnvoll, auf die Blutfette zu achten. Unter Blutfetten versteht man Triglyzeride und Cholesterin. Insbesondere zu hohe Cholesterinwerte erhöhen das

Der Grundstein für fett- und kalkhaltige Ablagerungen wird oft schon in der Kindheit durch falsche Ernährung gelegt. Die gesundheitlichen Auswirkungen werden jedoch erst im Erwachsenenalter spürbar.

Risiko von Durchblutungsstörungen. Die Blutfette, auch Lipide genannt, sind nicht wasserlöslich. Sie können im Körper nur in Verbindung mit Eiweißkörpern (Proteinen) transportiert werden. Man nennt diese Verbindungen daher Lipoproteine. Sie zirkulieren als winzige Tröpfchen im Blutkreislauf. Entscheidend bei ihrem Vorkommen sind ihre Dichte und ihr Anteil von Cholesterin und Triglyzeriden.

Das misst der Arzt im Labor

Überprüft ein Labor Ihre Blutfettwerte, werden Triglyzeride, Gesamtcholesterin, LDL- und HDL-Cholesterin gemessen. Die Blutfettwerte schwanken sowohl im Jahres- als auch im Tagesverlauf. Wenn die Werte knapp über bzw. unter den Grenzwerten liegen, müssen sie re-

HDL wird häufig auch als gutes, LDL als schlechtes Cholesterin bezeichnet.

HDL – DAS HIGH-DENSITY-LIPOPROTEIN	LDL – DAS LOW-DENSITY-LIPOPROTEIN
HDL ist ein Lipoprotein mit hoher Dichte. Die Aufgabe von HDL besteht darin, überflüssiges Cholesterin aus den Körperzellen aufzunehmen und zum Abbau in die Leber zu transportieren. HDL ist für den Körper und seine Funktionen wichtig; je mehr davon im Blut vorhanden ist, umso mehr überflüssiges Cholesterin wird dem Blut entzogen.	LDL-Cholesterin ist ein kugeliges Gebilde, dessen Kern aus Cholesterin besteht. Es ist wesentlich kleiner als HDL und hat eine geringere Dichte. Vollgetankt mit Cholesterin, dient es den Zellen als Cholesterinlieferant. Ist im Blut zu viel LDL vorhanden, stellt das ein erhöhtes Risiko für Arteriosklerose dar, denn überschüssiges LDL lagert sich an den Gefäßwänden ab.

gelmäßig kontrolliert werden. Gemessen werden die Werte in Milligramm pro Deziliter (mg/dl).

▶ Für Triglyzeride gelten bis 200 mg/dl bei Männern und Frauen als normal.

▶ Das Gesamtcholesterin darf bis 250 mg/dl bei Männern und Frauen betragen.

▶ Der Anteil an LDL-Cholesterin kann zwischen 70 und 180 mg/dl betragen. Bei Infarktrisiko sollte der Wert jedoch nicht über 150 mg/dl steigen, und bei Herzinfarktpatienten sollte er unter 100 mg/dl bleiben.

▶ Beim HDL-Cholesterin liegt der Normalwert bei 45 bis 65 mg/dl für Frauen und 35 bis 55 mg/dl für Männer.

▶ Der Quotient aus Gesamtcholesterin und HDL sollte bei Männern möglichst nicht über 4,6 und bei Frauen nicht über 4,0 liegen.

Koronare Herzkrankheiten

Bei koronaren Herzkrankheiten liegt meist eine Arteriosklerose der Herzkranzgefäße vor (siehe Seite 20). Wenn Sie unter koronaren Herzkrankheiten leiden, sollten Sie Ihre Ernährung unbedingt auf eine cholesterin- und fettarme Kost umstellen.

Nehmen Sie dafür mehr Ballaststoffe zu sich. Ballaststoffe fördern die Verdauung, indem sie Gallensäure im Dünndarm binden. Dadurch wird auch Cholesterin gebunden und das wiederum wirkt sich günstig auf Arteriosklerose und koronare Herzbeschwerden aus.

Wenn die Brust eng wird

Angina pectoris (Brustenge) gehört zu den häufigsten Beschwerden bei koronaren Herzkrankheiten. Die feinen Arterien der Herzkranzgefäße sind bei diesem Krankheitsbild bereits stark verengt, der Herzmuskel gerät in Sauerstoffnot. Konsequenz: Sobald er stärker

Olivenöl enthält hauptsächlich Ölsäure, die zu den einfach ungesättigten Fettsäuren gehört. Einfach ungesättigte Fettsäuren können den Cholesterinspiegel positiv beeinflussen, indem sie das für den Körper günstige HDL-Cholesterin vermehren und das schlechte LDL-Cholesterin vermindern.

belastet wird, schlägt er kräftiger und schneller. Ein Anfall wird immer akut ausgelöst, z. B. durch schnelles Laufen oder Treppensteigen. Brechen Sie daher eine anstrengende Tätigkeit sofort ab, und ruhen Sie sich aus, wenn Sie folgende Symptome bemerken:

▶ Akutes Engegefühl in Brust und Hals
▶ Druck und Brennen im Oberbauch
▶ Bohrende, dumpfe Schmerzen in der Brustmitte
▶ Schmerzen, die von der Brust in Schulter, Hals, Rücken und Arme ausstrahlen
▶ Atemnot und Beklemmungsgefühle
▶ Vereinzelt treten Schmerzen im Kieferbereich auf

Ein Angina-pectoris-Anfall ist ein ernst zu nehmendes Warnsignal! Ändern Sie Ihre ungesunde Lebensweise, der nächste Herzanfall könnte ein Infarkt sein.

Angina pectoris – das können Sie tun

● Ernähren Sie sich ballaststoffreich. Eine Ballaststoff-aufnahme von mindestens 34 bis 40 Gramm täglich ist empfehlenswert.

● Vermeiden Sie Cholesterin. Essen Sie daher keine Gerichte, die Innereien enthalten. Auch auf das Frühstücksei sollten Sie verzichten.

● Bevorzugen Sie beim Einkauf pflanzliche Öle und Diät- oder Reformmargarine, die aus pflanzlichen Fetten besteht.

● Kochen Sie fettarm: Dünsten in wenig Fett, Garen in Folie oder Grillen.

● Essen Sie zwischen den Hauptmahlzeiten viel frisches Obst.

● Vermeiden Sie Fastfood: Hamburger, Döner und Würstchen sind Gift für die Herzkranzgefäße; sie sind cholesterinreich und haben so gut wie keine Ballaststoffe.

● Sorgen Sie dafür, dass Sie ausreichenden und er-holsamen Schlaf bekommen.

Der Herzinfarkt

Mit dem Verdacht auf Infarkt werden täglich 10 000 Menschen eingeliefert, und bei 1000 Personen bestätigt sich diese erste Diagnose. Etwa 240 Menschen sterben täglich an einem Herzinfarkt. Dass derartig viele Herzinfarkte tödlich enden, liegt daran, dass die Betroffenen oft zu spät ins Krankenhaus eingeliefert werden. Ein Infarkt entsteht durch den totalen Verschluss der Herzkranzgefäße, z. B. durch ein Blutgerinnsel. Durch die Unterbrechung der Sauerstoff- und Nährstoffversorgung stirbt das umliegende Gewebe ab. In schweren Fällen löst der Sauerstoffmangel ein so genanntes Kammerflimmern aus. Ein Kreislaufstillstand ist binnen Sekunden die Folge, der Betroffene wird bewusstlos. Rasches Handeln kann hier Leben retten.

Leben nach dem Herzinfarkt

Auch ein Infarktpatient möchte nach seiner Genesung so schnell wie möglich wieder nach Hause. Eine sofortige Rückkehr in das – in den meisten Fällen wenig gesunde – gewohnte Umfeld ist jedoch nicht sinnvoll. Die Patienten müssen ihr Herz langsam wieder daran gewöhnen, Alltagsbelastungen auszuhalten. Teilweise ist das Herz auch noch nicht wieder so belastbar, dass auf ärztliche Kontrolle verzichtet werden könnte.

Herz-Kreislauf-Erkrankungen können erblich sein. Wenn z. B. ein Eltern- oder Großelternteil Infarktpatient war, sind auch Sie unter Umständen gefährdet. Umso konsequenter sollte Ihre Vorbeugung sein.

Rehabilitation

Etwa drei bis vier Wochen sollten die Patienten daher in einer Rehabilitationsklinik lernen, mit der Krankheit umzugehen und ihre Lebensgewohnheiten grundlegend zu ändern. Das ist nicht immer einfach, aber in jedem Fall notwendig, um den Kreislauf wieder zu stabilisieren und so einem weiteren Herzinfarkt vorzubeugen.

**Vom Herz-
infarkt be-
troffen sind
Menschen aus
allen sozialen
Schichten, oft
Personen, die
einer wenig
qualifizierten
Berufstätigkeit
nachgehen,
deftiges Essen
mögen und sich
nur schwer
richtig entspan-
nen können.**

Nach dem Herzinfarkt – das können Sie tun

Alles, was Sie zur Vorbeugung der Arteriosklerose beherzigen sollten, ist für Infarktpatienten ein Muss:

● Fett- und cholesterinarme Ernährung sollte für Sie selbstverständlich sein.

● Meiden Sie Fastfood, Eier, Eiernudeln, Eierspeisen.

● Streichen Sie Innereien aller Art von Ihrem Speisezettel.

● Vermeiden Sie fettes Fleisch und fette Wurst.

● Essen Sie in ruhiger Atmosphäre, essen Sie langsam, bewusst, kauen Sie gründlich.

● Falls Sie Übergewicht haben, sollten Sie abnehmen.

● Verzichten Sie auf Alkohol und Nikotin.

● Sie sollten sich mehr bewegen und lernen, sich zu entspannen, damit Sie sich nicht überlasten.

Diabetes mellitus

Augenschäden, Bluthochdruck, Durchblutungsstörungen der Füße und Finger, Erkrankungen der Niere, Nervenschäden und Schilddrüsenerkrankungen sind die typischen und häufigen Begleiterscheinungen von Diabetes. In Deutschland sind schätzungsweise vier bis fünf Millionen Männer und Frauen von dieser Stoffwechselerkrankung betroffen.

▶ **Typ-I-Diabetiker** oder insulinpflichtige Diabetiker sind Patienten, deren »Langerhanssche Inselzellen« in der Bauchspeicheldrüse kein Insulin mehr produzieren können. Sie müssen das lebensnotwendige Insulin durch Spritzen regelmäßig ersetzen. Diese Zuckerkrankheit kommt in allen Altersstufen vor.

▶ **Typ-II-Diabetiker** sind meist übergewichtig oder haben zu wenig Bewegung. Das Erkrankungsalter liegt gemeinhin bei über 40 Jahren. Diese Gruppe kann den Diabetes oft durch Abnehmen, gesunde Ernährung und körperliche Bewegung in den Griff bekommen. Nur in wenigen Fällen sind Insulinspritzen erforderlich.

Insulin als Schlüssel

Zucker, und damit sind alle Zuckerstoffe (Kohlenhydrate) gemeint, ist für den menschlichen Organismus unentbehrlich. Kohlenhydrate aus Brot, Kartoffeln, Nudeln etc. werden im Darm in Glukose umgewandelt. Dieser Einfachzucker wird in der Leber gespeichert und von dort an das Blut abgegeben. Damit die Glukose aus dem Blut in die Zellen gelangen kann, benötigt sie das Hormon Insulin, welches die Zellen aufschließt. Hat der Körper zu wenig Insulin, sprechen die Zellen nicht auf Insulin an oder kann kein Insulin gebildet werden, kann die Glukose nicht in die Zellen gelangen und die Zuckerkonzentration im Blut steigt. Man spricht deshalb von Zuckerkrankheit oder Diabetes.

Bei Typ-II-Diabetes auf Insulin verzichten

Bei den Typ-II-Diabetikern kann die Bauchspeicheldrüse zwar noch Insulin bilden, es wirkt jedoch vielfach nicht ausreichend. Seine Wirkung kann aber durch Gewichtsreduktion und bewusste Ernährung erheblich gesteigert werden.

Viel zu oft bekommt der Patient Tabletten, die nichts anderes bewirken, als die Insulinproduktion anzutreiben. Durch die ständige Reizung werden die insulinproduzierenden Zellen so erschöpft, dass ältere Patienten oft nicht umhinkommen, Insulin zu spritzen, obwohl der Blutzucker auch anders reguliert werden könnte.

Ein Schwerbehindertenausweis bringt Diabetikern eine Reihe von Vergünstigungen (Freibeträge bei der Steuer, fünf Tage zusätzlichen Urlaub, erweiterten Kündigungsschutz, Vergünstigungen bei der Nutzung öffentlicher Verkehrsmittel usw.). Sie können ihn bei Ihrem örtlichen Versorgungsamt beantragen.

Fett in der Ernährung

Lange Zeit standen Nudeln, Kartoffeln und andere Lebensmittel mit einem hohen Anteil an Kohlenhydraten in dem Ruf, Störfaktoren für eine kalorienarme und gesundheitsbewusste Ernährung zu sein. Diese Ansicht ist inzwischen überholt. Dank moderner Lebensmittelanalysen und Studien über die Stoffwechselvorgänge im menschlichen Organismus wurden die Kohlenhydrate rehabilitiert. Sie zählen heute – zusammen mit den Ballaststoffen – zu den wichtigsten Bestandteilen für eine gesunde und vollwertige Ernährung.

Kohlenhydrate kontra Fett

Wenn Sie Ihren Energiebedarf in Form von Kohlenhydraten decken, dürfen Sie mehr davon essen als von fetthaltigen Lebensmitteln. Essen Sie allerdings mehr, als Ihr Körper benötigt, werden Überschüsse in den Fettdepots des Körpers abgespeichert.

Diese Kohlenhydratüberschüsse sind allerdings bei normaler Ernährung kaum zu erreichen. Hinzu kommt, dass die Umwandlung von Kohlenhydraten in Fett wiederum 25 Prozent der zugeführten Kalorien verbrennt. Die Energie, die für diesen Prozess erforderlich ist, geht dem Körper also verloren.

Anders bei den Fetten: Der Körper lagert Fette, die nicht für Körperfunktionen oder zur Energiegewinnung nötig sind, direkt, also ohne Verwandlungsprozesse und ohne Kalorienverlust, in Fettdepots ab.

Um 1 Liter Wasser um 1 °C zu erwärmen, wird 1 Kilokalorie (kcal) benötigt.

Wie viel Energie steckt drin?

Zur Aufrechterhaltung aller Körperfunktionen benötigt der Mensch grundsätzlich weniger Fett als Kohlenhydrate oder Eiweiß. Außerdem liefern die Nährstoffe unterschiedlich viel Energie. Die Energie wird in Kalorien, von lat. calor für »Wärme«, gemessen. Das Einheitenzeichen lautet »cal«. In der Ernährungslehre wird der Energieinhalt von Nahrungsmitteln in so genannten großen Kalorien oder Kilokalorien (= 1000 cal) angegeben. Dabei hat sich der Sprachgebrauch »Kalorien« für Kilokalorien (kcal) durchgesetzt.

Der Energieumsatz aller Lebensmittel wird auch in der internationalen Maßeinheit Kilojoule (kJ) berechnet. Eine Kilokalorie entspricht 4,184 Kilojoule.

▶ 1 Gramm Fett liefert ca. 9 Kilokalorien Energie
▶ 1 Gramm Eiweiß liefert ca. 4 Kilokalorien Energie
▶ 1 Gramm Kohlenhydrate liefert ca. 4 Kilokalorien Energie
▶ 1 Gramm Alkohol liefert ca. 7 Kilokalorien Energie.

Auf vollen Touren oder mit halber Kraft

Die Nahrung versorgt den menschlichen Organismus wie einen Verbrennungsmotor mit Energie, um die Körperfunktionen aufrechtzuerhalten.

▶ Als Grundumsatz bezeichnet man die Energiemenge, die zur Erhaltung aller grundlegenden Körperfunktionen im Ruhezustand benötigt wird. Ohne diese Funktionen – Durchblutung, Herzschlag, Atmung – könnte der Mensch nicht leben.

▶ Mit Erhaltungsumsatz ist der Energieverbrauch gemeint, den wir für normale Betätigungen wie Stehen, Gehen, Kauen und Sitzen verbrauchen.

▶ Der Leistungsumsatz bezeichnet den Energieverbrauch, den wir bei Sport, bei schwerer körperlicher Arbeit, aber auch in der Schwangerschaft über den Grund- und Erhaltungsumsatz hinaus benötigen.

Wer benötigt wie viel Energie?

Für seinen Grundumsatz benötigt ein Mensch pro Kilogramm Körpergewicht und Stunde prinzipiell etwa eine Kilokalorie Energie. Für die Berechnung Ihres Gesamtenergiebedarfs pro Tag gibt es nur Richtwerte, weil der persönliche Energiebedarf von sehr vielen unterschiedlichen Faktoren abhängt.

Aufgrund der Unterschiede in Größe, Alter und Körpergewicht wird die Nahrung ganz unterschiedlich verwertet (siehe Seite 14 f.). Ist bei dem einem der Fettanteil der Körpermasse höher, bei dem anderen hingegen der Muskelanteil, so nimmt der erstere zu, denn er braucht ja weniger Kalorien.

Erst wenn der Glykogenspeicher in der Leber und den Muskeln gefüllt ist, können Mengen von mehr als 500 Gramm Kohlenhydraten pro Tag bei nahezu fettfreier Ernährung zu einer Umwandlung in Depotfett führen.

WIE VIEL »KCAL« BRAUCHT DER MENSCH?

Die in dieser Liste angegebenen Werte berücksichtigen die Empfehlungen der Deutschen Gesellschaft für Ernährung und gehen von einer leichten, überwiegend sitzenden Tätigkeit aus.

Alter	Frauen	Männer
Bis zu 4 Monate	550 kcal	550 kcal
Bis zu 1 Jahr	800 kcal	800 kcal
Bis zu 4 Jahre	1300 kcal	1300 kcal
Bis zu 7 Jahre	1800 kcal	1800 kcal
Bis zu 10 Jahre	2000 kcal	2000 kcal
Bis zu 13 Jahre	2150 kcal	2250 kcal
Bis zu 15 Jahre	2300 kcal	2500 kcal
Bis zu 19 Jahre	2400 kcal	3000 kcal
Bis zu 25 Jahre	2200 kcal	2600 kcal
Bis zu 51 Jahre	1800 kcal	2200 kcal
Bis zu 65 Jahre	1700 kcal	1900 kcal
Über 65 Jahre	1700 kcal	1900 kcal

Alter und Geschlecht spielen eine Rolle

Außerdem gilt zu beachten, dass bei Frauen der Grundumsatz grundsätzlich niedriger ist. Das liegt wiederum an dem unterschiedlichen Verhältnis von Fett- und Muskelmasse. Männer haben von Natur aus mehr Muskelgewebe und weniger Fettgewebe als Frauen.

Bei beiden Geschlechtern nimmt außerdem der Grundumsatz im Alter um etwa 20 Prozent ab, da die Stoffwechselvorgänge langsamer werden und sich die Körperzusammensetzung ändert.

Achtung, Mehrbedarf

Bei mittelschwerer Arbeit müssen etwa 600 Kilokalorien pro Tag, bei schwerer Arbeit 1200 Kilokalorien und bei Schwerstarbeit 1600 Kilokalorien vom Körper zusätzlich aufgenommen werden.

Schwangere benötigen ca. 300 Kilokalorien mehr, stillende Frauen bis zu 650 Kilokalorien zusätzlich.

Wie viel Fett darf sein?

Als Richtwert für die Fettzufuhr werden für Erwachsene 25 bis 30 Prozent der täglichen Nahrungsenergie angegeben. Das entspricht bei einer Gesamtzufuhr von beispielsweise 2000 Kilokalorien pro Tag für eine Frau ca. 60 Gramm Fett (entspricht zwei Esslöffeln). Wobei auch hier weniger mehr ist.

Aber nicht nur die Gesamtfettzufuhr muss stimmen. Auch das Verhältnis von gesättigten, einfach und mehrfach ungesättigten Fettsäuren sollte ausgeglichen sein. Grundsätzlich gilt die Empfehlung, alle drei Arten von Fettsäuren gleichmäßig aufzunehmen.

Eine Frau, die 2000 Kilokalorien zu sich nimmt, sollte ca. 20 Gramm Fett in Form von gesättigten Fettsäuren, ca. 20 Gramm in Form von einfach ungesättigten Fettsäuren und ca. 20 Gramm als mehrfach ungesättigte Fettsäuren zu sich nehmen.

Altersunabhängiger Fettbedarf

Unabhängig von Alter und Geschlecht wird die empfohlene Zufuhr von essenziellen Fettsäuren für alle Altersgruppen mit 3,5 Prozent der täglichen Energiezufuhr angegeben.

▶ Omega-3-Fettsäuren: 0,5 Prozent der Gesamtenergiemenge pro Tag = 1,5 Gramm Linolensäure pro Tag. 1 Teelöffel Leinsamenöl z. B. enthält etwa 3 Gramm Linolensäure.

▶ Omega-6-Fettsäure: 3 Prozent der Gesamtenergie pro Tag = 10 Gramm Linolsäure pro Tag. 1 Esslöffel Maiskeimöl enthält etwa 6 Gramm Linolsäure.

Empfohlenes Nährstoffverhältnis zueinander: 12 bis 15 Prozent Eiweiß, 30 bis 35 Prozent Fett, 55 bis 60 Prozent Kohlenhydrate.

Tips für die Küche

Verwenden Sie zum Braten bei hohen Temperaturen Butterschmalz (gesättigte Fettsäuren), zum Kochen und Dünsten Oliven- oder Rapsöl (einfach ungesättigte Fettsäuren) und für Salate oder aufs Brot die mehrfach ungesättigten Fettsäuren (Sonnenblumenöl, Margarine). Eine Orientierung für den Einsatz von Fetten im Haushalt bietet die Tabelle auf Seite 34.

Richtwerte für die Fettzufuhr

Alter	Fettanteil in der Energiezufuhr
Säuglinge unter 4 Monate	40–50 %
Säuglinge bis 1 Jahr	40–45 %
Kleinkinder bis 4 Jahre	35–40 %
Kinder bis 19 Jahre	30–35 %
Erwachsene ab 19 Jahre	25–30 %
Schwangere ab dem 4. Monat	25–35 %
Stillende	30–35 %

Was satt macht

Der Grad der Sättigung ist nicht davon abhängig, wie schwer ein Essen im Magen liegt (was bei Fett zweifellos der Fall ist), sondern vielmehr davon, wie gut der Glykogenspeicher in der Leber gefüllt ist (siehe hierzu auch den Abschnitt »Diabetes mellitus«, Seite 26 f.).

Die Sättigung hält also nach dem Verzehr von Kohlenhydraten länger an als nach dem Genuss fettreicher Lebensmittel. Denn langkettige Kohlenhydrate werden vom Darm nur langsam in Einfachzucker zerlegt. Der Zucker gelangt also in kleinen Portionen ins Blut und sorgt für kontinuierliche Energiezufuhr. Der Blutzuckerspiegel bleibt konstant, wir fühlen uns satt.

FETTSÄUREN IM FETT

Fette und Öle, jeweils 100 Gramm	Anteil der gesättigten Fettsäuren in Gramm	Anteil der einfach ungesättigten Fettsäuren in Gramm	Anteil der mehrfach ungesättigten Fettsäuren in Gramm
Kokosfett	87	7	1
Palmkernfett	80	13	2
Butterschmalz	54	29	4
Olivenöl	14	73	9
Maiskeimöl	13	32	51
Distelöl	10	12	75
Leinöl	10	17	72
Sonnenblumenöl	12	22	61
Weizenkeimöl	17	16	65
Margarine	21	29	26
Butter	50	23	3
Diätmargarine	17	11	4

Kohlenhydrat ist nicht gleich Kohlenhydrat

Sicher haben Sie schon von den so genannten leeren Kalorien gehört. Zucker, Süßigkeiten und helles Brot liefern kurzkettige Kohlenhydrate, die schnell verdaut werden und ins Blut übergehen. Dies führt zwar zu einem raschen Anstieg des Blutzuckerspiegels und somit zu schnell verfügbarer Energie, allerdings fällt der Blutzuckerspiegel genauso schnell wieder ab. Die Folge ist Hunger! Um ihn zu vermeiden, sollten Sie die längerkettigen, hochmolekularen Kohlenhydrate in Form von dunklem Brot, Reis, Nudeln oder Kartoffeln zu sich nehmen. Eine lang anhaltende Sättigung erreichen Sie mit kohlenhydrathaltiger Kost, die einen hohen Anteil pflanzlicher Nahrungsbestandteile und damit ausreichend Ballaststoffe hat.

Besser fünf als drei

»Morgens wie ein Kaiser, mittags wie ein König, abends wie ein Bettelmann«, lautete früher die Faustregel für eine gesunde Ernährung. Zwei überreichliche Mahlzeiten führen jedoch statt zu Höchstleistungen einerseits zu Leistungsabfall und Müdigkeit nach dem Essen, andererseits zu Hungergefühlen zwischen den Mahlzeiten. Mit fünf Mahlzeiten, die über den Tag verteilt sind, sollte der große Hunger gar nicht erst aufkommen. Falls doch, kann man dagegen Rohkost, beispielsweise Karotten, Sellerie oder Kohlrabi, knabbern. Auch Obst und Vollkornkekse sind in Maßen erlaubt. Das bringt zwar den Kalorienstand in die Höhe, ist aber besser als Unwohlsein oder unkontrollierte Fressattacken.

Bedenken Sie bitte auch: Bis der Magen die Botschaft »satt« ans Gehirn funkt, vergehen bis zu 20 Minuten. Geben Sie ihm die Chance dazu — essen Sie langsam!

Nüchtern betrachtet bedeutet Essen eine Aufnahme von Stoffen, die zur Erhaltung des Lebens, für Wachstum und Bewegung notwendig sind. Essen versorgt uns aber auch mit Sinnesfreuden, es nährt den Körper und die Psyche.

Was fit macht

Müdigkeit? Schwindel? Kraftlosigkeit und Konzentrationsschwäche? Werden die Glykogenspeicher aufgrund einer sportlichen Betätigung oder nach längerem Fasten entleert, stellen sich neben dem Heißhunger auch noch obige Symptome ein. Das ist nicht ungewöhnlich. Den gleichen Effekt erleben Sie jedoch auch, wenn Sie sehr fettreich gegessen haben und keine kohlenhydrathaltigen Beilagen auf dem Teller waren.

Halten Sie die Leistungsfähigkeit konstant

Untersuchungen über den Einfluss von Kohlenhydraten und Fett auf die körperliche Leistungsfähigkeit zeigen, dass die Arbeitsleistung nach einer kohlenhydrathalti-

Vor allem Ausdauersportler wie Läufer oder Radfahrer sind auf eine kontinuierliche Zufuhr von Energie angewiesen. Langkettige Kohlenhydrate halten den Blutzuckerspiegel über Stunden konstant hoch.

gen Kost vier Stunden lang auf einem gleich bleibend hohen Niveau gehalten werden konnte, während bei einer fettreichen und kohlenhydratarmen Kost bereits nach 20 Minuten ein starker Leistungsabfall festzustellen war. Sportler nutzen diese Erkenntnis, indem sie — um Höchstleistungen erbringen zu können — viele Kohlenhydrate in Form von Gerichten mit Nudeln, Kartoffeln oder Reis essen.

Lieber ruh'n als tausend Schritte tun?

Fett fördert nicht gerade die Leistungsfähigkeit. Es macht müde, ist schwer verdaulich und sorgt dafür, dass wir nach dem Essen »lieber ruh'n als tausend Schritte tun«. Nur wenige fetthaltige Substanzen, wie etwa Lezithin, verbessern Gedächtnisleistung und Konzentration. Ein hoher Anteil an ungesättigten Fettsäuren optimiert die Regulierung des Blutdrucks. Essenzielle Fettsäuren verhindern die Verengung der Blutgefäße, sorgen also für verbesserten Transport der Nährstoffe innerhalb des Organismus. Die Verdauung bleibt »in Schwung«, Hormone und andere körpereigene Stoffe gelangen schneller an ihren Einsatzort, anfällige Zellwände werden stabilisiert, und die Bildung so genannter gefährlicher Schaumzellen in den Arterien wird unterbunden.

Auf die Dosis kommt es an

Allerdings werden die dafür erforderlichen Mengen an essenziellen Fettsäuren auch bei einer reduzierten Fettzufuhr aufgenommen. Eine fettarme Ernährung unter Berücksichtigung der richtigen Fettsäurezusammensetzung (siehe Seite 34) in Kombination mit allen wichtigen Nährstoffen wie Eiweiß, Kohlenhydraten, Vitaminen, Mineralstoffen und bioaktiven Substanzen macht Sie fit und leistungsfähig.

Planen Sie Bewegung oder ein kleines Sportprogramm regelmäßig in Ihren Alltag ein. Zwar haben Sie vorübergehend mehr Appetit, auf Dauer funktioniert Ihr »Verbrennungsmotor« aber reibungsloser.

Sport und Entspannung

Mit regelmäßiger sportlicher Betätigung und Entspannungsübungen ergänzen Sie eine fettarme Ernährung: Sie tun Ihrer Gesundheit etwas Gutes und erlangen gleichzeitig seelische Ausgeglichenheit.

Drei gute Gründe ...

● Wenn Sie regelmäßig Sport treiben, kann Übergewicht schneller und nachhaltiger abgebaut werden.

● Sport kann erhöhte Blutfett- und Blutzuckerwerte senken.

● Beim Sport können Sie Dampf ablassen, Sie fühlen sich anschließend entspannt und ruhig.

Wichtig ist, dass Sie die Ihnen gemäße Sportart mindestens zweimal pro Woche länger als 30 Minuten ausüben. Bei Radfahren, Skilanglauf, Wandern und Golf sollte es über eine Stunde sein, damit sich der Trainingseffekt einstellt.

Wenn Sie ein Bewegungsmuffel sind, haben Sie vielleicht nur noch nicht die richtige Sportart für sich entdeckt. Wer bei dem Wort »Sport« oder gar »Leistungssport« zusammenzuckt, der sollte es vielleicht einmal mit Laufen oder einer anderen Ausdauersportart versuchen. Sanftes Dauerlaufen hat einen hohen gesundheitlichen Wert: Es fördert optimal den Kreislauf, ohne ihn zu belasten. Der Körper verbrennt anders als beim Sprinten mehr Fett als Kohlenhydrate. Die Folge: Nach gemäßigtem Laufen hat man weniger Hunger als etwa ein Schnellläufer. Wichtig für alle, die sich mit Übergewicht plagen: Der Stoffwechsel arbeitet noch zwölf Stunden nach dem Sport auf Hochtouren. Das bedeutet nicht nur, dass das Blut besser mit Sauerstoff versorgt wird, sondern auch, dass mehr Kalorien verbrannt werden.

Bewegung – gleich welcher Art – ist das beste Mittel gegen Übergewicht.

Wenn Sie unter koronaren Herz-krankheiten, Bluthochdruck oder Arteriosklerose leiden, und besonders wenn Sie einen Herzinfarkt hinter sich haben, sollten Sie Sport eher unter dem Aspekt des Genießens als unter dem des Trophäensammelns betrachten. Wettkampfsportarten stellen für Sie aufgrund der nervlichen und körperlichen Belastung ein gesundheitliches Risiko dar. Auch Kraftsportarten wie Gewichtheben, Bodybuilding und Ringen sollten Sie meiden. Empfehlenswert sind:

- Jogging und Wandern
- Rad fahren und Skilanglauf
- Schwimmen
- Ausdauergymnastik

Die Seele baumeln lassen ...

Eigentlich ist es ganz einfach abzu-schalten. Aber es gelingt nur den wenigsten. Gerade wenn Sie zu denjenigen gehören, die Schwierigkeiten mit dem Herz-Kreislauf-System haben, wenn Sie von Termin zu Termin hasten und glauben, ohne Kaffee, Alkohol und Nikotin nicht leben zu können, wird es Ihnen schwer fallen abzuschalten. Aber Entspannung lässt sich lernen. Wählen Sie die für Sie richtige Methode, und beraten Sie mit Ihrem Arzt, welche Entspan-nungstechnik für Sie geeignet sein könnte. Gesundheitszentren und Volkshochschulen bieten ein vielfältiges Spektrum von Entspannungstechniken wie Meditation, Yoga, autogenem Training oder Feldenkrais an.

- Die progressive Muskelentspannung nach Jacobson: Bei dieser Methode lernen Sie, Muskelgruppen zunächst stark anzuspannen und dann wieder loszulassen. Die Entspannung wird dabei besonders intensiv wahrgenommen. Die Übungen lassen sich leicht erlernen und können zu Hause oder am Arbeitsplatz durchgeführt werden.
- Autogenes Training: Mit Hilfe von einprägsamen Formeln lernen Sie, die Kräfte der Autosuggestion zu nutzen. Nach einigem Training können Sie körperliche Vorgänge wie Atem- und Herzberuhigung, die normalerweise nicht Ihrem Willen unterliegen, gezielt angehen. Autogenes Training sollten Sie am besten in einer Gruppe lernen; tägliches Üben ist unerlässlich.
- Meditationskassetten: Wer von Kursen unabhängig sein möchte, kann auch beim Hören von Meditationsmusik, die von Anleitungen zu Entspannungsübungen begleitet wird, zur Ruhe finden.

Was der Seele gut tut

Wenn wir auf Gaumenfreuden und das Entzücken der Geschmackspapillen verzichten wollten, wäre die Frage nach einer ausgewogenen, fettreduzierten Ernährung viel einfacher: Täglich eine Ration »Astronautennahrung«, die in Form von Tabletten alle wichtigen Nährstoffe beinhaltet, könnte uns vor Krankheiten schützen und unseren Körper fit und elastisch erhalten. Aber mal ganz ehrlich, die Vorstellung, nie mehr ein Stück Schokolade auf der Zunge zergehen zu lassen, nie mehr frisches Obst zu essen, nie mehr saftige Steaks vom Grill, ist die nicht furchtbar?

Ungesundes Essverhalten und eine stressbelastete Lebensführung führen immer häufiger dazu, dass schon junge Frauen und Männer unter Magengeschwüren und Magenschleimhautentzündungen leiden.

Sinnesfreuden und Glücksgefühle

Wir essen zwar, um dem Körper das notwendige Material für die fortwährende Erneuerung seiner Zellen zur Verfügung zu stellen, um die wichtigsten Köperfunktionen aufrechtzuerhalten und um Energie für seine Arbeitsleistungen zu liefern. Wir essen aber auch, weil es uns schmeckt, weil uns allein der Gedanke an ein erlesenes Mahl das Wasser im Munde zusammenlaufen lässt und weil wir gerne etwas zwischen den Zähnen haben. Essen ist ein Stück Lebensqualität, mit Essen verbinden wir Lebensfreude, Geselligkeit und Kommunikation.

Diäten können krank machen

Es ist daher nicht damit getan, sich eine gewisse Zeit durch selbst verordnete Diät einem vielleicht modischen Diktat folgend zu kasteien. Denn der aufgestaute Heißhunger nach der Diät sorgt wieder für eine rasche Zunahme (Jo-Jo-Effekt). Darüber hinaus setzt man sich unfreiwillig einer enormen Stresssituation aus, die sich wiederum negativ auf das persönliche Befinden auswirkt. Reizbarkeit, Unkonzentriertheit oder Infektanfälligkeit sind die meist unausweichliche Folge.

Krankhafte Formen gestörten Essverhaltens sind Magersucht und Bulimie (Ess-Brech-Sucht). Sie haben oft seelische Ursachen und müssen unbedingt therapeutisch behandelt werden.

Das tut Ihrem Ego gut

Sport – allein oder in der Gruppe – macht Spaß, und der erhöhte Kalorienbedarf bringt Sie Ihrem Wunsch nach einer guten Figur, einem gesunden und leistungsfähigen Körper sicherlich näher.

Und noch etwas: Widmen Sie Ihrer Ernährung etwas mehr Zeit und Aufmerksamkeit. Lassen Sie sich von der südlichen Lebensart inspirieren, verzichten Sie auf Fastfood zwischen zwei Terminen.

Andere Länder – andere Esssitten

Südländer widmen sich ihrer Ernährung mit viel Liebe und Sorgfalt sowohl in der Küche als auch bei Tisch. Sie essen in Gesellschaft, d. h. sie essen bewusster und vermeiden zufällige oder angespannte Esssituationen. Sie leiden im Allgemeinen nicht so häufig an Herz-Kreislauf-Erkrankungen, was vermutlich auch mit ihrer Lebensmittelauswahl zu tun hat. Sie essen viel Fisch, der so genannte Omega-3-Fettsäuren enthält, bereiten ihre Speisen oft mit Olivenöl zu, das reich an ungesättigten Fettsäuren ist, und ihr Obst- und Gemüseverzehr ist beträchtlich, was zu einer guten Versorgung mit Vitaminen und Mineralstoffen führt. Hinzu kommt eine Vielfalt an raffinierten Gewürzen. Eine derartige Ernährungsweise trägt zu einer Entlastung des Herz-Kreislauf-Systems bei. Gönnen Sie Ihrem Körper und Ihrer Seele mindestens 30 Minuten Zeit, Nahrung aufzunehmen.

In Schottland ist die Herzinfarktrate noch höher als in Deutschland. Die Schotten sparen am Gemüse, essen dafür viel Fleisch und tierische Fette. Ein hoher Konsum ihres Nationalgetränks Whisky vervollständigt ihre gewagte Ernährungsweise.

Der Einkauf

Es wäre sinnvoll, einfach und billig, wenn man beim Einkauf nur die Lebensmittel auswählte, die von Natur aus fettarm sind, wie Obst und Gemüse. Neben vielen Vitaminen und Mineralstoffen enthalten sie bioaktive Substanzen, die unseren Stoffwechsel positiv beeinflussen. Die meisten Menschen sind jedoch an den Geschmack fetthaltiger Lebensmittel gewöhnt: Wer jahrelang Suppen mit Sahne verfeinert hat oder gerne Sahnetorte isst, wird nicht von heute auf morgen darauf verzichten wollen. Das müssen Sie auch nicht. Es gibt viele kleine Schritte zu einer fettarmen Ernährung, und einer der ersten ist der richtige Einkauf, also die bewusste Wahl der Lebensmittel.

Gerade bei den versteckten Fetten lauert die Gefahr einer übermäßigen Fettzufuhr. Ungefähr 60 Prozent des Fetts, das wir täglich essen, ist als solches nicht erkennbar. Vor allem industriell hergestellte Fertiggerichte, Tiefkühlprodukte und Dosengerichte enthalten oft hohe Mengen an Fett. Am sichersten ist es deshalb, mit frischen Zutaten selbst zu kochen.

Versteckte Fette enthalten überwiegend gesättigte Fettsäuren. Ausnahmen sind z. B. Nüsse, Mandeln und Avocados.

Lebensmittel für die fettarme Küche

▶ Alle Gemüse- und Obstsorten (Ausnahme: Avocado)
▶ Fettreduzierte Milch und Milchprodukte
▶ Hülsenfrüchte, Couscous
▶ Fettarmer Fisch und Muscheltiere
▶ Geflügel ohne Haut, mageres Fleisch
▶ Nudeln aus Hartweizen, Reis, Grünkern, Buchweizen

Supermarkt, Reformhaus oder Drogerie?

Um fettreduzierte Lebensmittel kaufen zu können, müssen Sie keine Reformhäuser und Drogerien aufsuchen. Fast jeder größere Supermarkt bietet eine Auswahl von fettreduzierten Lebensmitteln aller Bereiche an. Wenn Sie sich außer mit den industriell hergestellten Low-fat-Produkten auch mit den von Natur aus fettarmen Lebensmitteln vertraut machen, legen Sie einen ersten wichtigen Grundstein dazu, durch bewusstes Einkaufen Ihre Ernährung zu ändern.

Wussten Sie, dass in 100 Gramm Emmentaler ca. 30 Gramm Fett, in 100 Gramm Eigelb ca. 32 Gramm Fett und in 100 Gramm Walnüssen ca. 63 Gramm Fett versteckt sind?

Tips für den Einkauf

● Gehen Sie nicht mit hungrigem Magen zum Einkaufen. Sie kaufen sonst größere Mengen, als Sie tatsächlich benötigen.

● Schreiben Sie sich vor dem Einkauf eine Liste mit den benötigten Lebensmitteln. Ordnen Sie dabei die Lebensmittel nach Produktbereichen, wie Milchtheke, Käsetheke, Gemüse, Wurst etc.

● Wenn Sie abgepackte Lebensmittel kaufen, achten Sie nicht nur auf das Verfallsdatum. Nehmen Sie sich Zeit, die Zutatenliste zu inspizieren: Befinden sich »Fette« (Milchfett, gehärtetes, ungehärtetes, tierisches, pflanzliches Fett) oder Öle unter den ersten drei Zutaten, sollten Sie diese Produkte nicht für eine fettreduzierte Ernährung wählen.

● Achten Sie außerdem bei der Auswahl Ihrer Lebensmittel auf Emulgatoren, Konservierungsstoffe, Güteklassenangaben und Zuckerzusatz.

● Bei frischem Gemüse und Obst achten Sie auf wirklich frisches Aussehen. Kaufen Sie nicht an offenen Ständen an der Straße – Benzolbelastung!

Die Obst- und Gemüseabteilung

Hier dürfen Sie grundsätzlich nach Lust und Laune im Angebot schwelgen. Pflanzliche Lebensmittel verfügen über einen hohen Gehalt an Vitaminen, Mineralstoffen, Ballaststoffen und bioaktiven Substanzen. Obst und Gemüse sind wohlschmeckend, cholesterinfrei und schonen in der Regel den Geldbeutel. Eine Ausnahme bildet die Avocado, die mit ca. 24 Gramm Fett pro 100 Gramm Fruchtfleisch schon beinahe zu der Gruppe der Fette und Öle gehört.

▶ **Kartoffeln und mehr:** Die große Zauberin unter den Gemüsen ist die Kartoffel. In vielen Variationen zubereitet, dient sie als Beilage oder Hauptmahlzeit. Sie enthält kaum Fett und ist reich an wertvollen Inhaltsstoffen wie Kalium, Vitamin C und Kohlenhydraten.

▶ **Neues probieren:** Kennen Sie Rauke und Schwarzwurzel? Probieren Sie doch einmal pro Woche ein Ihnen noch unbekanntes Gemüse aus. Je größer die Auswahl, umso größer ist nicht nur der Genuss, sondern auch der Nutzen für Ihre Gesundheit und Ihr Wohlbefinden.

▶ **Jahreszeiten und Wege beachten:** Kaufen Sie möglichst saisonale Produkte von Bauern oder Gärtnern aus Ihrer Umgebung. Sie entlasten damit die Umwelt, da Sie weite Transportwege umgehen. Zudem sind diese Produkte in der Regel weniger schadstoffbelastet und reich an Vitaminen und Mineralstoffen.

▶ **Qualität ist wichtig:** Schrecken Sie nicht vor Reklamationen zurück, sprechen Sie mit Ihrem Obst- und Gemüsehändler, wenn die Ware nicht den ausgewiesenen Handelsklassen entspricht. Für falsche oder betrügerische Warenangaben ist das Ordnungsamt zuständig. Die Lebensmittelüberwachung (bei verdorbener Ware) wird vom Gesundheitsamt durchgeführt.

Verkehren Sie die vielen Vorteile der Kartoffel nicht ins Gegenteil, indem Sie sie zu Pommes frites oder fetttriefenden Bratkartoffeln verarbeiten. Auch in Form von Kartoffelchips sind sie natürlich nicht zur fettarmen Ernährung geeignet.

Die Frischwarenabteilung

Achtung! Verwechseln Sie Margarine mit der Aufschrift »Diät« nicht mit fettreduzierter bzw. Halbfettmargarine. Diätmargarinen enthalten z. B. hohe Mengen an Linolsäure, die im Rahmen einer Cholesterindiät verwendet werden kann. Der Fettgehalt weicht bei diesen Sorten jedoch meist nicht von dem der Butter oder Margarine ab.

Hier können Sie durch bewusstes Einkaufen viel Fett sparen. Gerade an der Milchtheke bietet sich die Möglichkeit, fettreiche Lebensmittel zu vermeiden. Lassen Sie Vollfettlebensmittel wie Vollmilch, 40-prozentigen Quark, Vollmilchjoghurt, Sahnedickmilch etc. stehen. Sie können Fett sparen, wenn Sie auf fettarme Varianten umsteigen und einige Tricks anwenden:

▶ So ist fettreduzierte Milch ebenfalls reich an Vitaminen und Mineralstoffen. Wer meint, Vollmilch schmecke einfach besser, sollte die Vollmilch mit fettreduzierter Milch mischen – da merkt man keinen Unterschied.

▶ Magerquark mit etwas fettarmer Milch cremig gerührt und gewürzt oder gesüßt, lässt sich ebenso gut verarbeiten wie die Vollfettvariante.

▶ Wer beim Kochen nicht gänzlich auf Sahne verzichten möchte, sollte Kaffeesahne verwenden. Sie enthält nämlich nur 12 Prozent Fett.

▶ Sauerrahm ist eine gute Alternative zu Crème fraîche. Und wer die Fettbombe gar nicht lassen kann, sollte sie mit Joghurt oder Kefir verdünnen.

▶ Fettarmer Joghurt mit frischen Früchten schmeckt besser und enthält weniger Zucker als die Fruchtjoghurts aus dem Regal.

▶ Wenn Sie Fett sparen und gleichzeitig auch auf Cholesterin verzichten wollen, dann kaufen Sie fettfreies Eipulver, das Sie wie normale Eier zum Kochen und Backen verwenden können.

▶ Wählen Sie für den Brotaufstrich fettreduzierte Butter oder Margarine. Der Fettgehalt wurde bei diesen Sorten durch Zugabe von Wasser oder cremiges Aufschlagen halbiert. Einige Sorten eignen sich durchaus auch zum Kochen oder Braten.

Fettgehalt (in g) pro 100 g Lebensmittel

Lebensmittel	Fett	Lebensmittel	Fett
Butter	83	Halbfettmargarine	40
Camembert (60 %)	33	Camembert (30 %)	13
Crème fraîche	30	Sauerrahm (10 %)	10
Leberwurst	34	Geflügelwurst	18
Hähnchen mit Haut	19	Hähnchen-brustfilet	1
Hering	18	Kabeljau	0,4
Lachs	14	Hummer	2
Mayonnaise	80	Joghurt (1,5 %)	1,5
Quark (40 %)	11	Quark (0,3 %)	0,2
Sahne (30 %)	30	Kaffeesahne (10 %)	10
Vollmilch (3,5 %)	3,5	Fettarme Milch (1,5 %)	1,5

Die Fleischabteilung

Aufgrund neuer Züchtungen und veränderter Fütterung ist der Fettgehalt im Fleisch in den letzten Jahren enorm gesunken. Mit der Wahl bestimmter Fleischsorten und Fleischteile können Sie zusätzlich Fett sparen.

▶ Abgesehen von der fettbeladenen Haut ist Geflügelfleisch besonders fettarm. Spitzenreiter unter den mageren Geflügelfleischteilen sind Hähnchen- und Truthahnbrustfleisch. Dunkles Geflügelfleisch, z. B. Keule, ist immer fetthaltiger als helles Brustfleisch.

▶ Kaufen Sie kein gemästetes Geflügel, denn dessen Fleisch ist – abgesehen von der nicht immer artgerechten Haltung der Tiere – sehr viel fetthaltiger als das von normal gefütterten Tieren.

▶ Auch bei Schweinefleisch sollten Sie mageres Filet oder Schnitzel kaufen.

Auch Wild hat in der Regel relativ mageres Fleisch. Zwar ist es meistens etwas teurer und nicht immer leicht zu bekommen, aber ab und zu sollten Sie eine Rehkeule oder ein Perlhuhn auf den Tisch bringen.

Handelsklassen und Lebensmitteletiketten

Um die Güte und den Absatz von Lebensmitteln aus Landwirtschaft, Obst-, Gemüse-, Gartenbau, Jagd und Fischerei zu steigern und dem Verbraucher die Orientierung zu erleichtern, wurden Handelsklassen und Lebensmitteletiketten eingeführt.

Handelsklassen

Einige Merkmale, nach denen eine Ware beurteilt wird, um mit einer Handelsklassen-Angabe gekennzeichnet zu werden, sind:

- Qualität der Produkte
- Art und Zeitpunkt der Erzeugung
- Herstellung und Behandlung
- Angebotszustand (frisch oder konserviert)
- Reinheit und Zusammensetzung
- Sortierung (Größe und Gewicht)
- Beständigkeit bestimmter Eigenschaften.

So gibt es Handelsklassenverordnungen für Eier, Geflügel, Fleisch, Butter und Käse, für Kartoffeln, frisches Gemüse und Obst.

Weitere Verordnungen

Andere Gesetze des Handelsrechts enthalten Vorschriften, in denen die Qualität festgeschrieben wird. In der Ausführungsverordnung zum Milch-gesetz wird z. B. eine Einstufung der Milch nach ihrem Fettgehalt vorgenommen. Vollmilch hat einen Fettgehalt von 3,5 Prozent, teilentrahmte/fettarme Milch von 1,5 bis 1,8 Prozent und entrahmte Milch von 0,3 Prozent. Außerdem muss die Art der Wärmebehandlung (Pasteurisation, Ultrahocherhitzung oder Sterilisation) auf der Verpackung stehen. Homogenisierte Milch (beim Homogenisieren wird das Milchfett gleichmäßig fein zerkleinert, so dass es sich nicht mehr absetzt) muss als solche gekennzeichnet sein.

Obst und Gemüse – mehr Schein als Sein

Leider wird von den Sachverständigen, die das Obst und Gemüse in Handelsklassen einteilen, die äußere Beschaffenheit oft viel zu hoch bewertet. So dürfen beispielsweise große, gleichmäßige und fehlerlose

Äpfel die Bezeichnung »Extra« tragen, auch wenn Geschmack und Nährwert nicht gerade überwältigend sind, während kleine, aber hocharomatische Früchte mit höherem Vitamingehalt mit einer minderen Handelsklasse ausgezeichnet werden. Kritische Verbraucher können sich beim Einkauf an den Handelsklassen orientieren, sollten aber Obst und Gemüse nicht nur nach dem äußeren Aussehen auswählen.

Lebensmitteletiketten

Auf einem Lebensmitteletikett müssen per Gesetz alle Zutaten, auch die Zusatzstoffe, die bei der Herstellung verwendet wurden und die verändert oder unverändert in ihm enthalten sind, genannt werden. Die Aufzählung wird angeführt von der Zutat mit dem größten Gewichtsanteil. Es folgen in absteigender Reihenfolge alle weiteren Zutaten, so dass die geringsten Anteile am Schluss der Liste stehen.

Seit dem 1. Oktober 1995 gilt eine Kennzeichnungspflicht, die sich auf Lebensmittel bezieht, die nach Angaben des Herstellers bestimmte Nährwerteigenschaften haben: Beispielsweise muss der Orangensaft, auf dessen Etikett der Hersteller mit einem besonders hohen Kalziumgehalt wirbt, nach dieser Verordnung mindestens 15 Prozent Kalzium des empfohlenen Tagesbedarfs pro 100 Milliliter enthalten.

Je nach Inhaltsstoff, der hervorgehoben wird, muss auf dem Lebensmitteletikett eine so genannte kurze oder eine lange Kennzeichnung deklariert werden.

Das bedeutet: Wenn beispielsweise mit einem geringen Fettgehalt geworben wird, genügt es, auf dem Etikett den Energiegehalt (Kilokalorien), Eiweiß, Kohlenhydrate und Fettgehalt zu deklarieren (»kurze Kennzeichnung«).

Handelt es sich um einen anderen Inhaltsstoff, beispielsweise um Kalzium, so tritt die »lange Kennzeichnung« in Kraft. Der Hersteller muss auf dem Lebensmitteletikett neben den Nährstoffangaben der kurzen Kennzeichnungspflicht auch noch auf den Gehalt an Zucker, ungesättigten Fettsäuren, Ballaststoffen und Natrium hinweisen, immer bezogen auf 100 Gramm bzw. 100 Milliliter des jeweiligen Lebensmittels.

Die Wurst- und Käsetheke

Putenwürstchen sind relativ arm an Fett. Regensburger, Weißwürste, Debreziner und andere Würstchen haben es dagegen reichlich in sich.

Wurst- und Käsesorten sind in ihrem Fettgehalt sehr unterschiedlich.

▶ Beim Käse lässt nur der Fettgehalt in der Trockenmasse (Fett i. Tr.) eine Aussage über den unterschiedlichen Fettgehalt zu. Wählen Sie Käsesorten, deren Fettgehalt in der Trockenmasse unter 45 Prozent liegt.

▶ Bevorzugen Sie beim Kauf von Wurst fettarme Geflügelwurstsorten: Putenschinken, Putenfleischwurst, gebratene Geflügelbrustscheiben oder Wurst in Aspik. Magerer Schweineschinken, Bierschinken oder Kalbfleischwurst sind ebenfalls erlaubt. Salami – ganz gleich ob aus Schweine- oder Rindfleisch hergestellt – sowie alle anderen Rohwurstwaren, z. B. Leber-, Mett- oder Teewurst, sollten nur ausnahmsweise Platz in Ihrem Kühlschrank finden. Wer nicht darauf verzichten möchte, sollte wenigstens die Butter weglassen.

EINTEILUNG DER KÄSEGRUPPEN

Gruppe	Fettgehalt (Trockenmasse)	Käsesorten
Hartkäse	Mindestens 60 %	Emmentaler, Bergkäse, Chester
Schnittkäse	Mindestens 40 %	Gouda, Edamer, Tilsiter
Halbfester Schnittkäse	Mindestens 44 %	Butterkäse, Edelpilzkäse, Weißlacker
Weichkäse	Mindestens 35 %	Camembert, Brie, Romadur, Limburger
Frischkäse	Mindestens 18 %	Quark, Doppelrahmfrischkäse
Sauermilchkäse	Kein Mindestgehalt vorgeschrieben	Mainzer, Harzer, Korbkäse, Handkäse

Die Fischtheke

Frischer Fisch, egal ob Mager- oder Fettfisch, gehört mindestens zweimal wöchentlich auf den Speiseplan, da er lebensnotwendige Fettsäuren enthält, die der Körper nicht selbstständig herstellen kann; zudem ist er reich an hochwertigem Eiweiß.

▶ Nahezu jeder Fisch ist eine gute Wahl für Ihre fettreduzierte Ernährung, solange er »nackt« ist. Sie können ohne weiteres rohe und abgepackte Fischfilets aus der Tiefkühltheke wählen, wenn kein frischer Fisch angeboten wird. Meiden Sie aber fertige Fischwaren, die mit Panade oder fetthaltigen Saucen zubereitet sind; diese enthalten neben reichlich Fett auch häufig hohe Mengen an Kochsalz.

▶ Alle Arten an frischen Schaltieren wie Krabben, Shrimps, Muscheln sind von Natur aus fettarm. Und sie bleiben es auch, solange Sie das wertvolle Meeresgetier nicht in reichlich Butter oder fetten Saucen »ertränken« oder mit zu üppigen Beilagen anreichern.

▶ Zu den besonders mageren Seefischsorten zählen u. a. Kabeljau, Seelachs, Seehecht, Scholle und Schellfisch. Der fettarme Thunfisch eignet sich hervorragend für Salate. Er darf jedoch nicht in Öl, sondern sollte in Wasser eingelegt sein. Fettreiche Fische wie Aal, Dornhai und Lachs sollten immer ohne zusätzliches Fett zubereitet werden.

▶ Streichen Sie Hering und Makrele von Ihrem Einkaufszettel, und probieren Sie Seezunge, Steinbutt, Tintenfisch oder Zander.

▶ Der Fettgehalt von Süßwasserfischen wie Forelle und Karpfen hängt von der Fütterung und dem Alter der Tiere ab. Junge Tiere haben meist einen geringeren Fettanteil als ausgewachsene.

Fettfreie und fettarme Garmethoden wie Grillen oder Dünsten sollten fettreichen (z. B. Frittieren) vorgezogen werden.

Die Tiefkühltheke

Obst und Gemüse aus dem Tiefkühlregal sind nicht nur praktisch und verbraucherfreundlich, sondern auch ernährungsphysiologisch eine gute Alternative zu frischer Ware. Überlagerte Frischgemüse und Früchte haben nämlich oft weniger Vitamine und Mineralstoffe als schnell verarbeitete Tiefkühlkost.

▶ Achten Sie darauf, dass Sie Obst und Früchte immer ohne Zucker oder andere süße Zusätze kaufen. Auch tiefgefrorene Gemüse sollten ohne Butter oder fette Saucen abgepackt sein.

Wer auf Fertiggerichte partout nicht verzichten will, sollte wenigstens Tiefkühlkost der Dosenware vorziehen.

▶ Heutzutage besitzt fast jeder zweite Haushalt ein Gefriergerät. Wenn Sie Tiefkühlprodukte zur Vorratshaltung nutzen möchten, achten Sie auf die angegebenen Verfallsdaten. Wenn Sie frische Lebensmittel selbst einfrieren, können Sie der unten stehenden Tabelle die maximale Lagerdauer entnehmen.

▶ Meiden Sie tiefgekühlte Fertiggerichte. Neben dem hohen Fettgehalt enthalten diese oft noch viele schädliche Zusatzstoffe.

FRISCH AUS DER TRUHE	
Haltbarkeit von	Monate
Geflügel, mager	4–6
Kalbfleisch	6–9
Wild	8–10
Bohnen, Erbsen	9–12
Rosenkohl, Kohl, Spinat	10–12
Aprikosen, Pfirsiche	8–10
Sauerkirschen, Himbeeren	10–12
Brot, Brötchen	4–6
Butter	6–8

Hülsenfrüchte, Reis und Nudeln

▶ Billig, nahezu fettfrei, reich an hochwertigem Eiweiß und Ballaststoffen, sind Hülsenfrüchte aller Art eine gute Wahl für Ihren Einkaufskorb. Falls Ihnen die Zeit zum Kochen oder Quellen der Hülsenfrüchte fehlt, können Sie auf vorgegarte Dosenware zurückgreifen. Hülsenfrüchte ersetzen leicht eine Fleischmahlzeit. Sie decken die empfohlene Mindestmenge an Ballaststoffen (30 Gramm pro Tag) optimal ab.

▶ Reis ist bei uns oft nur als Beilagenalternative zur Kartoffel bekannt. Probieren Sie Reis doch einmal in Form von Milchreis als süße Nachspeise oder auch als Risotto mit Gemüse, Pilzen oder Meeresfrüchten. Reis sättigt aufgrund seines hohen Kohlenhydratgehalts gut und verhindert schnell wiederkehrenden Hunger. Geschälter, geschliffener und polierter Reis wurde allerdings seiner Außenschichten, die den Hauptanteil der Vitamine enthalten, beraubt. Er ist also fast gehaltlos. Genau diese Außenschichten speichern aber auch Pestizide und Schwermetalle. Achten Sie beim Einkauf von ungeschältem Reis unbedingt darauf, dass er aus biologischem Anbau stammt.

Was heißt »parboiled«? Parboiled Reis ist mit Heißdampf behandelt, der die wertvollen Inhaltsstoffe ins Innere des Korns transportiert, so dass weniger Vitamine und Mineralstoffe als bei anderen Verfahren verloren gehen.

▶ Nicht die Nudeln sind es, die Fett enthalten, sondern die Saucen, die dazu gereicht werden. Nudeln sind reich an komplexen Kohlenhydraten, die für unsere Leistungsfähigkeit und Konzentration eine große Rolle spielen. Nudeln enthalten – abgesehen von Eiernudeln – kaum Fett. Bevorzugen Sie daher Nudeln aus 100 Prozent Hartweizengrieß und fettarme Saucen, z. B. Tomatensauce mit Basilikum. Bunte Nudeln, die mit Roter Beete, Tintenfisch oder Spinat eingefärbt werden, sowie auch Vollkornnudeln bilden eine interessante Alternative auf dem Mittagstisch.

Senf, Saucen, Salatdressings und Mayonnaise

Viele Vitamine benötigen einen Tropfen Öl, um vom Körper aufgenommen zu werden. Versuchen Sie einmal folgendes Salatdressing: 1 Teelöffel Olivenöl, 1 Esslöffel Sonnenblumenöl, 3 Teelöffel Balsamicoessig, 2 Esslöffel Wasser, 1 Teelöffel Senf, 1 Prise Zucker verquirlen, mit Salz und Pfeffer abschmecken.

An diesem Regal sollten Sie nicht lange verweilen oder wenigstens besonders aufpassen.

▶ Fast alle Hersteller bieten inzwischen Mayonnaise auch in »abgespeckter« Form an. Falls Sie in Ihrem Supermarkt keine fettreduzierte Sorte finden, verdünnen Sie eine normale mit fettarmem Joghurt. Sie liegt dann nicht mehr ganz so schwer im Magen und belastet auch Ihr Fettkonto um einiges weniger.

▶ Das Gleiche gilt für Salatdressings: Auch hier gibt es viele Sorten, die nur wenig Fett enthalten. Lesen Sie aber auch bei den Lightversionen immer auf dem Etikett nach, wie viel Fett angegeben ist. Vermeiden Sie Produkte mit mehr als 10 bis 20 Prozent Fett. Die beste Alternative zu Fertigsaucen ist die selbst gemachte Sauce: Joghurt und Sauerrahm als Grundlage, vermischt mit frisch gehackten Kräutern und Gewürzen, ist fettärmer als jedes Fertigdressing.

▶ Ketchup, Senf, Sojasauce und Worcestersauce sind fettarm und enthalten relativ wenig Kalorien, allerdings meist große Mengen Kochsalz. Wer mit Bluthochdruck oder Neigung zu Wasseransammlung im Gewebe kämpfen muss, für den ist auch hier Zurückhaltung geboten.

Fertiggerichte als Dosenware

Generell gilt zunächst einmal: Alles, was frisch zubereitet werden kann, sollte nicht als Dosenware oder Fertiggericht gekauft werden.

▶ Fertiggerichte, die in Dosen angeboten werden, sind aufgrund ihrer Verarbeitung häufig arm an Vitaminen und Mineralstoffen, da sie für die Konservierung hoch erhitzt werden müssen. Außerdem wird selten die Art der Zubereitung sichtbar, z. B., ob diese Gerichte mit viel Fett gekocht wurden. Hinweise hierzu kann Ihnen nur das ausführliche Studium des Etiketts mit der Zutatenliste geben. Dort ist manchmal auch der Fett- und Kaloriengehalt angegeben.

▶ Das Gleiche gilt für Obst und Gemüse in Dosen. Vitamine und Mineralstoffe sind nur in geringen Prozentzahlen darin enthalten. Außerdem beinhaltet Dosengemüse meist beachtliche Mengen an Kochsalz, das beim Kauf von frischem Gemüse oder Tiefkühlkost normalerweise ganz wegfällt.

▶ Fertiggerichte enthalten fast immer eine größere Menge an Zusätzen wie Farbstoffe, Geschmacksverstärker, Emulgatoren, Verdickungs- und Geliermittel sowie Konservierungsstoffe.

▶ Schließlich ist Weißblech als Dosenmaterial nicht ganz unproblematisch, da es Zinn enthält, das giftige Verbindungen eingehen kann. Achten Sie beim Einkauf deshalb darauf, dass die Dosen nicht eingedellt sind.

Getreidekörner und Kräuter

Als ganze Körner oder geschrotet finden Sie Getreide, Kerne und Samen (Sonnenblumenkerne, Leinsamen, Buchweizen, Grünkern) inzwischen auch im Supermarkt. Das Angebot von Getreidemischungen zur Zubereitung von Breien und Bratlingen oder in Form von Müslis und Cornflakes ist breit gefächert.

▶ Getreide enthält in erster Linie lebensnotwendige ungesättigte Fettsäuren, die unser Körper für einen reibungslosen Stoffwechsel benötigt. Achten Sie beim Kauf von Zerealien darauf, dass diese möglichst wenig Zucker enthalten, damit Sie keine unnötigen Kalorien aufnehmen. Süßen Sie lieber selbst – und dann mit Honig oder Ahornsirup. Gekeimte Samensprossen ergänzen gerade im Winter Ihre Salate.

Aminosäuren, wie sie etwa im Getreidekeim vorhanden sind, sind unentbehrlich für den Aufbau von Körpereiweiß.

Frische Kräuter können Sie hervorragend portionsweise in der Eiswürfelschale einfrieren: Sie werden fein gehackt in die einzelnen Kästchen verteilt und mit kaltem Wasser aufgefüllt.

▶ Kräuter sind fettfrei und dürfen in keiner Küche fehlen. Sie enthalten wirksame bioaktive Substanzen, die den Kreislauf und den Stoffwechsel anregen. Wo Fett eingespart wird, sollten umso mehr Kräuter verwendet werden, da sie als Geschmacksträger eine große Rolle spielen. Lassen Sie sich von der Vielzahl der Kräuter inspirieren. Während man früher nur die drei gängigsten Küchenkräuter kannte, nämlich Schnittlauch, Petersilie und Dill, können Sie heute auf den Märkten auch Estragon, Basilikum, Kerbel, Salbei, Minze, Melisse, Koriander u. v. a. erwerben. Beim Würzen mit Kräutern sind der Phantasie keine Grenzen gesetzt. Grundsätzlich ist alles erlaubt, was schmeckt.

▶ Viele Kräuter lassen sich das ganze Jahr über auf dem Balkon oder vor dem Fensterbrett ziehen. So haben Sie jederzeit frische und garantiert ungespritzte Kräuter portionsgerecht im Haus.

Unser täglich Brot … sollte aus möglichst vollwertigem Mehl bestehen. Dunkle Sorten enthalten mehr Vitamine, Mineralien und Ballaststoffe.

Süßigkeiten

Dieses Regal sollten Sie beim Einkauf auslassen. Süßigkeiten sind wegen ihres hohen Zuckergehalts nicht nur wahre Kalorienbomben, sondern enthalten häufig auch noch große Mengen Fett.

▶ Ausnahme: Lakritze ist fast fettfrei, sollte jedoch nicht in Übermengen verzehrt werden. Die darin enthaltene Glyzerinsäure kann bei empfindlichen Menschen den Blutdruck in die Höhe treiben.

▶ Wenn es ohne die klebrigen Schleckereien nicht geht, dann wählen Sie Ihren Zähnen zuliebe zuckerfreie Bonbons oder Fruchtgummi.

Das Brotregal

Bevorzugen Sie dunkle Brotsorten; es muss ja nicht immer Vollkornbrot sein. Allerdings sollten Weißbrot, Toastbrot sowie Croissants zu den Raritäten in Ihrem Einkaufswagen gehören. Dunkle Brotsorten enthalten mehr Schalenanteile und somit mehr Ballaststoffe als helles Brot, außerdem die Vitalstoffe der Keimlinge des Korns, als da wären:

▶ Alle B-Vitamine (bis auf B12) für gesunde Nerven
▶ Vitamin E, das die Zellen vor freien Radikalen schützt
▶ Alle lebenswichtigen Aminosäuren
▶ Zink zur Ernährung und Entsäuerung der Zellen
▶ Kalium, Magnesium und weitere wichtige Biostoffe

Helles Brot wird zudem sehr schnell verdaut und sättigt daher nicht lange. Ballaststoffe hingegen quellen im Magen auf und verhindern ein schnell wiederkehrendes Hungergefühl. Die Vielfalt an Brötchen, die heute angeboten werden, etwa Sonnenblumenkern-, Müsli-, Dinkelschrot-, oder Vollkornbrötchen, lassen die Frage des Brotaufstrichs leicht zur Nebensache werden.

Gegen den Heißhunger auf Süßes hilft ein einfaches Mittel: Essen Sie zwischendurch einen Apfel, eine Banane oder ein paar Vollkornkekse.

Rezepte fürs Frühstück

Eine Tasse Kaffee im Stehen, ein Hörnchen oder eine Schnecke beim Bäcker neben der U-Bahn – ein »rasantes« Frühstück ist heutzutage die Regel, jedoch die falsche. Sie dürfen beim Frühstück richtig zuschlagen, denn unser Körper ist nach der langen Nacht auf eine ausgiebige Mahlzeit am Morgen gut vorbereitet. Vollkornbrot oder Müsli sollten bei Ihnen morgens unbedingt auf dem Speiseplan stehen. Sie sind kräftespendend und enthalten viele Ballaststoffe, die für ein angenehmes Sättigungsgefühl sorgen.

Breakfast – »Fastenbrechen« – heißt das Frühstück in den angelsächsischen Ländern. Nach der langen Nacht ohne Nahrung freut sich der Körper jetzt auf eine kräftige Grundlage für den Tag.

Fit in den Tag

Die folgenden Frühstücksideen sind cholesterinarm, teilweise kommen sie auch ganz ohne Cholesterin aus. Das tägliche Frühstücksei sollten Sie so oft wie möglich durch ballaststoffreiche Müslis ersetzen, damit auch Ihr Verdauungstrakt gleich in der Früh auf Trab kommt. Gönnen Sie sich an Sonntagen ein Ei, aber vergessen Sie nicht: 100 Gramm Eigelb haben ca. 32 Gramm Fett.

Kleine Warenkunde

Getreideflocken werden aus ganzen Körnern (kernige Flocken) oder Getreidegrütze (zarte Flocken) hergestellt. Die Auswahl ist groß: Außer Haferflocken gibt es auch Weizen- oder Dinkelflocken. Alle Rezepte lassen sich mit unterschiedlichen Flocken variieren.

Basismüsli mit Variationen

Basismüsli für 1 Woche

Sie können zum Frühstück ruhig eine Tasse Kaffe oder Espresso trinken. Wenn Sie Koffein nicht so gut vertragen, versuchen Sie es mit schwarzem oder grünem Tee. Er ist bekömmlicher und wirkt sich nach neuesten Erkenntnissen sogar positiv auf den Zahnschmelz aus.

*2 EL getrocknete, ungeschwefelte Rosinen oder Aprikosen
2 EL Kürbiskerne · 10 EL Vier-Korn-Flocken · 5 EL Haferkleie
mit Keim*

1 Die Aprikosen grob zerkleinern. Kürbiskerne grob hacken und in einer beschichteten Pfanne ohne Fett rösten.

2 Danach Körnerflocken und Haferkleie ebenfalls rösten. Nach dem Abkühlen alle Zutaten vermengen.

Variation 1: Apfel-Mandarinen-Müsli

*2 EL Basismüsli · 1 EL Wasser · 150 g körniger Frischkäse
1 Apfel · 2 Mandarinen*

1 Das Müsli mit dem Wasser und dem körnigen Frischkäse verrühren.

2 Den geraspelten Apfel und die klein geschnittenen Mandarinen unterheben.

Variation 2: Birnen-Orangen-Müsli mit Dickmilch

2 EL Basismüsli · 1 EL Dickmilch · 1/2 Birne · 1/2 Orange

Das Müsli mit der Dickmilch verrühren und die klein geschnittene Birne und Orange unterheben.

Variation 3: Grapefruitmüsli

1/2 Apfel · 1 Grapefruit · 2 EL Basismüsli

1 Den Apfel waschen und grob raspeln. Die Grapefruit filetieren.

2 Apfel und Fruchtfleisch der Grapefruit mit dem Müsli vermischen.

Variation 4: Ingwermüsli

7 EL Dickmilch · 2 EL Basismüsli · etwas Ingwer · 1 Banane

1 Verrühren Sie die Dickmilch mit dem Basismüsli und etwas geriebenem Ingwer.

2 Zerdrücken Sie mit einer Gabel die Banane, und geben Sie den Brei unter die Mischung.

Falls Sie sich für ein Fertigmüsli aus dem Supermarkt entscheiden, achten Sie darauf, dass kein zusätzlicher Zucker beigefügt wurde.

Variation 5: Karottenmüsli

1/2 Apfel · 2 Karotten · 50 ml Orangensaft · 2 EL Basismüsli

1 Apfel und Karotten waschen. Den Apfel grob, die Karotten fein raspeln.

2 Mit dem Orangensaft übergießen und mit dem Basismüsli vermischen.

Praktisch für Morgenmuffel: Diese schmackhaften und gesunden Müslivariationen erfordern keine großen Vorbereitungen und lassen sich daher bequem morgens, während der Kaffee durchläuft oder das Teewasser kocht, zubereiten. Wenn Sie nicht alleine frühstücken, multiplizieren Sie die angegebenen Mengen mit der entsprechenden Anzahl der Personen.

Müsliklassiker

Buttermilchmüsli

1 Apfel · 50 g Erdbeeren oder anderes Beerenobst
40 g kernige Haferflocken · 1 TL brauner Zucker
1 TL Zitronensaft · 100 ml Buttermilch

1 Waschen Sie den Apfel, und raspeln Sie ihn grob. Schneiden Sie die Erdbeeren in kleine Stücke.
2 Vermengen Sie die Erdbeeren und den Apfel mit den kernigen Hafer-flocken, dem braunen Zucker und dem Zitronensaft. Lassen Sie die Mischung etwas durchziehen. Zum Schluss gießen Sie die Buttermilch darüber.

Zwiebackmüsli

2 Vollkornzwieback · 1/8 l fettarme Milch · 1 TL Mager-milchjoghurt · 1 kleiner Apfel oder 1 Pfirsich · 1 Banane
20 g Haselnüsse · etwas Orangensaft · 1 TL Honig

1 Zerbröseln Sie den Vollkornzwieback. Vermischen Sie ihn mit der fettarmen Milch und dem Magermilchjoghurt. Lassen Sie die Mischung durchziehen, bis der Zwieback weich ist.
2 Inzwischen raspeln Sie Apfel oder Pfirsich, zer-drücken die Banane, hacken die Haselnüsse fein und vermischen das Obst und die Nüsse mit etwas Orangensaft.
3 Die Zwiebackmi-schung verrühren Sie mit dem Honig zu einem glat-ten Brei und geben dann Obst und Nüsse darüber.

Denken Sie beim Brotauf-strich über Alternativen nach. Probieren Sie doch mal Senf oder mageren But-termilchfrisch-käse als Auf-strich für Ihr Brot. Mit Joghurt ver-mischte Brotaufstriche sind ebenfalls fettärmer als die herkömmli-che Butter oder Margarine.

Frischkornmüsli

*4 EL Weizenschrot · 1 Apfel · 150 g fettarmer Joghurt
oder 2 EL fettarme Milch · 1 EL Honig · brauner Zucker*

1 Weichen Sie am Vorabend den Weizenschrot in etwas Wasser ein, und stellen Sie ihn zugedeckt über Nacht in den Kühlschrank.
2 Am Morgen raspeln Sie den Apfel. Vermischen Sie den Apfel und den Weizenschrot nach Belieben mit dem fettarmen Joghurt oder der fettarmen Milch, und schmecken Sie das Müsli mit etwas Honig und braunem Zucker ab.

Bircher-Benner-Müsli

*2 EL Vollkornhaferflocken · 50 ml Wasser · etwas Orangensaft · 1 TL Zitronensaft · 1 Apfel · 1 Banane · 20 g Haselnüsse
30 g Rosinen · 1 EL Magermilchjoghurt · 1 TL Honig*

1 Verrühren Sie die Vollkornhaferflocken mit Wasser, etwas Orangensaft und dem Zitronensaft. Stellen Sie diese Mischung zugedeckt über Nacht in den Kühlschrank.
2 Am nächsten Morgen reiben Sie den Apfel fein und zerdrücken mit einer Gabel die Banane. Vermischen Sie nun das Obst mit den eingeweichten Vollkornhaferflocken.
3 Fügen Sie die gemahlenen Haselnüsse, die Rosinen, den Magermilchjoghurt und den Honig hinzu.
Das Bircher-Müsli ist ein echter Klassiker. Es wurde nach dem Schweizer Arzt Maximilian Oskar Bircher-Benner (1867–1939) benannt.

Oskar Bircher-Benner gilt als »Erfinder« der Rohkost: Er führte in seinem Sanatorium frische pflanzliche Lebensmittel und Milchprodukte ein.

Brot und Brötchen

Gebackene Banane auf Vollkorntoast

Wenn Sie Ihr Brot ohnehin mit Frischkäse oder Teewurst bestreichen, ist oftmals Butter oder Margarine gar nicht mehr notwendig.

2 Vollkorntoast · 1/2 Banane · etwas Zitronensaft
1 EL Johannisbeergelee · 1 Glas Orangensaft

1 Toasten Sie den Vollkorntoast. Schneiden Sie die Banane in Scheiben, und beträufeln Sie diese mit Zitronensaft, damit sie nicht braun werden.
2 Legen Sie nun die Bananenscheiben auf das Toastbrot, und verteilen Sie darauf das Johannisbeergelee. Überbacken Sie die Scheiben 5 Minuten im Backofen bei etwa 160 °C. Dazu gibt es 1 Glas frisch gepressten Orangensaft.

Mehrkornbrötchen mit Orangenscheiben

1 Mehrkornbrötchen · etwas Diätmargarine · 2 TL Honig
1 Orange · 1 TL Leinsamen

1 Bestreichen Sie das Mehrkornbrötchen dünn mit Diätmargarine, und verteilen Sie den Honig darauf.

2 Filetieren Sie die Orange, und legen Sie diese auf das Brötchen. Zum Schluss mit dem Leinsamen bestreuen.

Tip: Das Vitamin C der Orange verbessert zusammen mit den Vitaminen B1, B2, B6, E und Niazin (im Mehrkornbrötchen enthalten) die Fettverwertung.

Schinkenbrot mit Gurke

*1 Scheibe Vollkornbrot • Quark • 1 TL Schnittlauch
40 g gekochter Schinken • 150 g Salatgurke*

Bestreichen Sie das Brot mit Quark, streuen Sie den gehackten Schnitt- lauch darüber, und belegen Sie es mit Schinken und Salatgurkenscheiben.

Käsebrot mit Mandarine

*1 Scheibe Vollkornbrot • 1 Scheibe Schnittkäse (30 %)
1 Tomate • 1 TL gehackter Schnittlauch • 1 Mandarine*

1 Belegen Sie das Voll- kornbrot mit dem Schnitt- käse und der in Scheiben geschnittenen Tomate.

2 Streuen Sie dann den gehackten Schnittlauch darüber. Dazu gibt es die Mandarine.

Sie sind Vegetarier und mögen am Morgen nicht immer nur Müsli und Süßes? Im Reformhaus gibt es viele pflanzliche Brotaufstriche, die je nach Sorte pro 100 Gramm nicht mehr als 25 Gramm Fett enthalten.

So gut kann ein ganz einfaches Essen sein: Schinkenbrot mit Salatgurke.

Suppen und Salate

Suppen und Salate gelten als die klassischen Vorspeisen der deutschen Küche. Natürlich eignen sich gerade unsere cholesterinarmen Suppen und die Vielzahl der Salatvariationen zu einem appetitanregenden Entree. Aber vielleicht entdecken Sie bei der Gelegenheit auch das eine oder andere Rezept, das sich mit einer Scheibe Vollkornbrot in eine sättigende Hauptmahlzeit oder ein gesundes Abendbrot abwandeln lässt.

Frisch, leicht und gesund

Eine gesunde vollwertige Nahrung ist ohne Salate undenkbar. Der Markt bietet zahlreiche Sorten wie Endivien, Chinakohl, Radicchio, Chicorée, Rucola, Eichblatt-, Eisberg-, Feld- und Kopfsalat. Alle Sorten lassen sich hervorragend mit Gurke, Karotten, Tomaten, Spargel, Mais, Paprika, Spinat, Pilzen, Nüssen, Geflügelfleisch oder Fisch kombinieren. Achten Sie beim Einkauf der Zutaten für Suppen und Salate auf die Frische der Produkte. Je frischer Obst und Gemüse sind, desto höher ist ihr Gehalt an Nährstoffen. Gemüse sollten Sie nicht lange lagern, denn die Vitamine A, B1, C und E sind sehr empfindlich gegen Licht und Sauerstoff.

Verzichten Sie auf vorgefertigte Suppen. Ihr Anteil an Fett, Zucker und Konservierungsstoffen belastet den Organismus. Selbst gekochte Suppen lassen sich hervorragend einfrieren. Mit frischen Kräutern, Sonnenblumen- oder Kürbiskernen garniert, können Sie ohne viel Aufwand gesund schlemmen. Alle Suppenrezepte sind für zwei Portionen berechnet.

Gemüse und Rohkost liegen im Trend. Wer viel »Grünzeug« isst, hat zwar viel auf dem Teller, aber weniger auf den Hüften. Salate sehen mengenmäßig nach mehr aus, haben aber viel weniger Kalorien als Lebensmittel tierischer Herkunft.

Deftiger Gemüseeintopf

Zutaten für 2 Personen
1 kleine Zwiebel • 1 EL Sonnenblumenöl • 100 g Kartoffeln
100 g Karotten • 100 g weiße Rübchen • 100 g Weißkraut
Salz, Pfeffer • Petersilie

Bei Venenbe-schwerden und Krampfadern sollten Sie öfter Lauch, Zwiebeln und Knoblauch essen. Sie wirken sich besonders günstig auf die Blutfettwerte aus. Die Zwiebelgewächse enthalten den Wirkstoff Allizin, der den Cholesterinspiegel im Blut deutlich absenken kann.

1 Hacken Sie die Zwiebel klein. Erhitzen Sie das Sonnenblumenöl in einem Topf, und dünsten Sie darin die Zwiebel glasig.
2 Inzwischen schneiden Sie die Kartoffeln, die Karotten, die weißen Rübchen und das Weißkraut fein. Geben Sie das Gemüse zu der glasigen Zwiebel. Füllen Sie den Topf mit Wasser auf, so dass alles bedeckt ist.
3 Lassen Sie die Suppe 20 Minuten leicht kochen. Schmecken Sie die Suppe zum Schluss mit Salz und Pfeffer ab, und bestreuen Sie sie mit frischer gehackter Petersilie.

Bunte Gemüsesuppe

Zutaten für 2 Personen
1 rote Paprikaschote • 1 kleine Zucchini • 1 kleine Salatgurke
1 Zwiebel • 2 Knoblauchzehen • 1 EL Olivenöl • 500 g reife
Tomaten • 125 ml Tomatensaft • 125 ml Gemüsebrühe
weißer Pfeffer, Cayennepfeffer • frische Kräuter

1 Schneiden Sie die rote Paprikaschote, die Zucchini (ca. 100 Gramm) und die Salatgurke in kleine Würfel, und stellen Sie diese beiseite.
2 Würfeln Sie die Zwiebel, und hacken Sie die Knoblauchzehen fein. Erhitzen Sie das Olivenöl in einem Topf, und lassen Sie Zwiebel und Knob-

lauchzehen darin glasig dünsten. Geben Sie anschließend das übrige Gemüse hinzu und lassen alles etwa 5 Minuten zugedeckt bei schwacher Hitze kochen.

3 Inzwischen entfernen Sie die Stielansätze von den reifen Tomaten und pürieren das Fruchtfleisch im Mixer oder mit dem Pürierstab zusammen mit dem Tomatensaft und der Gemüsebrühe. Streichen Sie das Püree behutsam durch ein Sieb.

4 Dann geben Sie das Tomatenpüree zum Gemüse und lassen alles noch einmal kurz aufkochen. Schmecken Sie das Ganze mit weißem Pfeffer und Cayennepfeffer ab. Die fertige Suppe bestreuen Sie zum Schluss mit frisch gehackten Kräutern, vorzugsweise mit Schnittlauch, Petersilie oder Basilikum.

Kürbissuppe

Zutaten für 2 Personen
1 Zwiebel · 1 EL Distelöl · 150 g Kürbisfruchtfleisch
1 EL saure Sahne · Cayennepfeffer · 1 EL Petersilie

1 Hacken Sie die Zwiebel. Erhitzen Sie das Distelöl in einem Topf, und lassen Sie darin die Zwiebel dünsten.

2 In der Zwischenzeit schneiden Sie das Fruchtfleisch aus dem Kürbis, raspeln es, geben es in den Topf, lassen es kurz aufkochen und noch etwa 10 Minuten bei schwacher Hitze weiterkochen.

3 Anschließend pürieren Sie die Suppe, geben dabei die saure Sahne hinzu, schmecken das Ganze mit etwas Cayennepfeffer ab und streuen die gehackte Petersilie darüber.

Besonders attraktiv lässt sich die Kürbissuppe auf den Tisch bringen, wenn Sie sie in dem ausgehöhlten Kürbis servieren.

Lauchsuppe mit frischer Kresse

Zutaten für 2 Personen
1 EL Sonnenblumenöl · 200 g Lauch · 1 l Gemüsebrühe
1 Knoblauchzehe · etwas Pfeffer · frische Kresse

Sonnenblumenöl ist reich an Vitamin E. Es enthält 22 Prozent einfach und 61 Prozent mehrfach ungesättigte, also essenzielle Fettsäuren.

1 Erhitzen Sie das Sonnenblumenöl in einer Pfanne, geben Sie den in Scheiben geschnittenen Lauch hinzu, und lassen Sie ihn ein paar Minuten andünsten.

2 Gießen Sie ein wenig Gemüsebrühe hinzu, und lassen Sie den Lauch bei schwacher Hitze garen, bis er weich ist. Dann fügen Sie die zerdrückte Knoblauchzehe hinzu.

3 Bringen Sie die restliche Gemüsebrühe langsam zum Kochen, und geben Sie die gedünsteten Lauchringe aus der Pfanne hinein. Lassen Sie die Suppe nun bei schwacher Hitze noch etwa 10 Minuten vor sich hin kochen. Zum Schluss schmecken Sie die Lauchsuppe mit etwas Pfeffer ab und servieren sie mit frischer Kresse garniert.

Radieschensuppe mit Kürbiskernen

Zutaten für 2 Personen
2 Bund Radieschen · 1/2 Stange Porree · 50 g Kürbiskerne
1 TL Sonnenblumenöl · 1/2 l Gemüsebrühe · Pfeffer, Jodsalz
1 EL Magermilchjoghurt · 1 EL Kresse

1 Waschen und putzen Sie die Radieschen mitsamt den Blättern, und schneiden Sie – bis auf 2 Stück – die Radieschen und die Blätter klein. Schneiden Sie den Porree in kleine Ringe.

2 Rösten Sie die Kürbiskerne in einem beschichteten Topf ohne Fett an, und stellen Sie den Topf beiseite.

3 Nun dünsten Sie die Radieschen und den Porree in einem Topf mit dem Sonnenblumenöl an. Löschen Sie das Gemüse mit der Gemüsebrühe ab, und lassen Sie es 10 Minuten leicht kochen.

4 Dann pürieren Sie die Masse und schmecken sie mit etwas Pfeffer und ein wenig Jodsalz ab. Anschließend verfeinern·Sie die Radieschensuppe mit einem Klacks Magermilchjoghurt. Nach dem Pürieren darf die Suppe nicht mehr kochen.

5 Garnieren Sie die fertige Suppe mit den klein geschnittenen Radieschen und den frisch gehackten Blättern, die Sie zuvor beiseite gelegt haben, und bestreuen Sie sie zum Schluss mit den gerösteten Kürbiskernen und der frischen Kresse.

Zum Naschen zwischendurch eigen sich Kürbiskerne besonders gut. Sie enthalten wertvolle Spurenelemente und Vitamine, die Sie wieder fit und leistungsfähig machen.

Radieschen, einmal anders: Die kleinen roten Knollen schmecken nicht nur als Brotzeit, sondern ergeben auch eine hervorragende Suppe.

Spinatsalat mit Austernpilzen

Zutaten für 2 Personen
150 g junger Blattspinat • 100 g Austernpilze • 1 EL Rapsöl
1 TL scharfer Senf • 1 EL Weinessig • Jodsalz, Pfeffer, Paprika
1 EL Pinienkerne

Rapsöl gehört wegen seines hohen Anteils an einfach ungesättigten Fettsäuren zu den bekömmlichsten Speiseölen.

1 Den Blattspinat waschen, gut abtropfen lassen und in mundgerechte Stücke schneiden.

2 Die Austernpilze putzen und in einer mit Rapsöl ausgepinselten Pfanne bei starker Hitze kurz anbraten.

3 Das restliche Öl, den Senf und den Weinessig miteinander verschlagen und nach Gusto mit Jodsalz, Pfeffer und Paprika abschmecken.

4 Den Blattspinat auf Tellern anrichten und mit dem Dressing marinieren.

5 Die Austernpilze darüber geben und mit den Pinienkernen bestreuen. Warm servieren.

Mais-Paprika-Salat

Zutaten für 2 Personen
1 rote Paprikaschote • 50 g Chinakohl • 100 g Maiskörner
1 EL Balsamicoessig • 1 EL Sonnenblumenöl • Jodsalz, Pfeffer
aus der Mühle • frische Kräuter nach Belieben

1 Die Paprikaschote und den Chinakohl putzen, waschen, gut abtropfen lassen und in Streifen schneiden. Zusammen mit dem Mais in einer Schüssel vermischen.

2 Essig, Öl, Salz und Pfeffer verrühren.

3 Gemüse anrichten, mit dem Dressing marinieren. Nach Belieben frisch gehackte Kräuter darüber streuen.

Spargelsalat mit Walnüssen

Zutaten für 2 Personen

Je 125 g grüner und weißer Spargel • Jodsalz • 1 Prise Zucker
1 EL Sahne • 1 EL fettarmer Joghurt • 1 TL Walnussöl
1 TL Weißweinessig • etwas gehackter Majoran • Pfeffer aus
der Mühle • 1 Prise Cayennepfeffer • 1 gekochtes Ei
1 EL gehackte Walnüsse • 2 Radieschen

1 Den weißen Spargel schälen, vom grünen und vom weißen Spargel die Enden abschneiden und in Salzwasser mit 1 Prise Zucker bissfest garen. Den Spargel aus dem Topf nehmen und vom Spargelfond 50 Milliliter beiseite stellen.
2 Diesen Fond auf ein Drittel einkochen, erkalten lassen und mit Sahne, Joghurt, Walnussöl und Weinessig mischen. Mit Majoran, Salz, Pfeffer und Cayennepfeffer abschmecken.
3 Die Spargelstücke mit dem Dressing marinieren und anrichten.
4 Das gewürfelte Ei, die gehackten Walnüsse und die klein geschnittenen Radieschen über den Salat streuen.

Spargel wird in der Naturmedizin auch zur Infarktprophylaxe empfohlen.

Kohlrabisalat

Zutaten für 2 Personen

1 Kohlrabi • 1 kleine Karotte • 1 kleiner Apfel • frische Kresse
1 TL Zitronensaft • 1–2 EL Gemüsebrühe • 1 TL Olivenöl
Jodsalz, frisch gemahlener schwarzer Pfeffer

Kohlrabi, Karotte und Apfel raspeln, mit Kresse, Zitronensaft, Gemüsebrühe, Öl, Salz und Pfeffer mischen und durchziehen lassen.

Kleine Kräuterkunde mit Verwendungstips

Wo beim Kochen Fett eingespart wird, sollten umso mehr Kräuter verwendet werden: Sie sorgen als Aromaträger für Geschmack und enthalten zudem wertvolle Vitalstoffe, die den Kreislauf und Stoffwechsel anregen.

● **Basilikum** stammt ursprünglich aus dem tropischen Afrika und Asien. Heute wird das Kraut in ganz Europa kultiviert. Die Blätter der Pflanze sollten vor der Blüte gepflückt werden. Das Kraut wird in frischem oder getrocknetem Zustand verwendet. Es passt ausgezeichnet zu Suppen und Saucen aus Tomaten, zu Fisch-, Fleisch- und Geflügelgerichten, zu Gemüse und Rohkostsalaten.

● **Beifuß,** auch Gänsekraut genannt, gedeiht auf der nördlichen Erdhälfte. Geerntet werden die noch geschlossenen Blütenknospen. Das Kraut kann frisch oder getrocknet verwendet werden. Es macht Gerichte, die viel Fett enthalten, besser verdaulich.

● **Bohnenkraut** ist wegen seines scharfen Geschmacks auch als Pfefferkraut bekannt. Ursprünglich war es in Südamerika heimisch, inzwischen gedeiht es aber auch in Europa.

Es wird frisch oder getrocknet in den Gerichten mitgegart. Das Kraut passt nicht nur zu Bohnengerichten, sondern auch zu Gemüse und Pilzen.

● **Brunnenkresse** wächst in Mitteleuropa an Bächen und Wasserläufen mit schlammigem Grund. Sie wird in Gärtnereien als Wintergemüse gezogen. Gartenkresse ist zarter als Brunnenkresse, aber auch von scharfaromatischem Geschmack. Sie eignet sich vor allem für frischen Salat und Rohkost oder fein gehackt für Kräutersuppen und Kräutersaucen.

● **Dill** stammt aus den östlichen Mittelmeerländern und wächst heute in ganz Europa wild oder in Hausgärten. Verwendet wird das frische, zarte Grün. Durch seinen ausgeprägten Eigengeschmack wird es am besten frisch und fein gehackt den fertigen Saucen, Suppen, Fisch- und Gemüsegerichten zugefügt.

● **Estragon** stammt ursprünglich aus Mittelasien und wächst heute auch in Europa. Die pfeffrig schmeckenden Blätter sollten möglichst frisch verwendet werden. Mit anderen frischen Kräutern gemischt passt Estragon hervorragend zu Kräutersaucen und Gemüsegerichten.

● **Rosmarin** ist ein immergrüner Strauch aus der Familie der Lippenblütler. Er gedeiht in den Mittelmeerländern, teilweise auch bei uns. Zum Würzen verwendet man die langen, nadelartigen Blätter frisch oder getrocknet. Wildgerichte und Lamm, aber auch Saucen und Marinaden gewinnen mit ein paar Rosmarinnadeln ein besonderes Aroma.

Frische Kräuter: die Gewürztheke auf der Fensterbank.

● **Salbei** stammt aus Südeuropa, kann aber auch bei uns kultiviert werden. Verwendet werden die Blätter frisch oder getrocknet. Das sehr dominante Gewürzkraut schmeckt hervorragend zu Kartoffelgerichten; kombiniert mit ein paar Rosmarinnadeln und Thymian eignet es sich für Lamm- und Kalbfleisch.

● **Petersilie,** egal ob glatte oder krause, ist das bei uns am häufigsten verwendete Küchenkraut. Sie wird vor allem frisch und fein gehackt über fertig gegarte Gerichte gestreut. Sie passt zu Kräutersuppen und -saucen, zu Eintöpfen und Gemüsegerichten.

● **Borretsch** wächst wild oder im Garten und ist in ganz Europa verbreitet. Verwendet werden die jungen zarten Blätter. Borretsch wirkt herzstärkend und kann nur frisch verwendet werden. Er passt gut zu grünen Salaten, Gurkensalat oder Suppen.

● **Kerbel** stammt ursprünglich aus Südostrussland und gehört zur gleichen Pflanzenfamilie wie Petersilie. Verwendet wird nur das zarte frische Kraut. Besonders gut passt er zu Kartoffelsuppe und grünen Salaten. Kerbel wirkt als Salatzugabe blutreinigend und appetitanregend.

Warmer Blumenkohlsalat

Zutaten für 2 Personen
500 g Blumenkohlröschen · 1 EL mittelscharfer Senf
1 EL Weißweinessig · 1 EL Olivenöl · 1 TL Honig
1 Becher saure Sahne (10 %) · Jodsalz, Pfeffer aus der Mühle
1 TL frisch gehackte Kräuter

Blumenkohl bleibt beim Kochen schön weiß, wenn Sie dem Wasser einen Schuss Magermilch hinzufügen.

1 Die Blumenkohlröschen waschen. In wenig Wasser bissfest garen.
2 Für die Salatsauce Senf, Weinessig, Olivenöl, Honig und saure Sahne gut verrühren und mit Jodsalz und Pfeffer abschmecken.

3 Das Gemüse gut abtropfen lassen und auf einem vorgewärmten Teller anrichten.
4 Den Blumenkohl mit der Salatsauce überziehen und zum Schluss mit den frisch gehackten Kräutern bestreuen.

Fruchtiger Fischsalat

Zutaten für 2 Personen
200 g Rotbarschfilet · Zitronensaft · Jodsalz, weißer Pfeffer
1 kleiner Apfel · 1 kleine Banane · 1 rote Paprikaschote
1 EL leichte Salatmayonnaise · 2 EL fettarmer Joghurt
1 TL geröstete Mandelblättchen · frischer Dill

1 Die Rotbarschfilets mit etwas Zitronensaft säuern und ziehen lassen. Dann salzen, pfeffern und zugedeckt in der Mikrowelle bei 600 Watt ca. 6 bis 8 Minuten garen. Erkalten lassen und in mundgerechte Stücke zerteilen.
2 Den Apfel waschen, vierteln, entkernen und in Stifte schneiden. Die Banane in Scheiben und die Paprikaschote in dünne

Streifen schneiden. Alles in einer Schüssel mit den Fischstücken vermengen. **3** Die Mayonnaise mit dem Joghurt und dem übrigen Zitronensaft ver-rühren. Mit Salz und Pfeffer abschmecken. Den Fischsalat mit der Sauce überziehen, mit den Mandelblättchen und dem Dill bestreuen.

Nudel-Lauch-Salat mit Schinken

Zutaten für 2 Personen
1 kleine Stange Lauch • Salz • 1/2 Tasse Gemüse-Hefe-Brühe
1 kleine Karotte • 1 Scheibe magerer gekochter Schinken
5 grüne Oliven • 1–2 EL Zitronensaft • 1/2 TL Olivenöl
frisch gemahlener schwarzer Pfeffer • ca. 75 g gekochte
Vollkornnudeln = 30 g Rohgewicht

1 Lauch der Länge nach halbieren, abspülen und in Streifen schneiden. Einen Topf erhitzen, den Lauch darin leicht salzen, 1/2 Minute rühren, Brühe zugießen, aufkochen und abkühlen lassen.

2 Die Karotte raspeln, den Schinken würfeln, die Oliven klein schneiden. **3** Alles mit Zitronensaft, Öl, Pfeffer und den gekochten Nudeln ver-mengen und einige Zeit durchziehen lassen.

Etwas teurer, aber auch deutlich besser als gekochter Schinken ist roher Edelschinken, etwa Parma- oder luftgetrockneter Kernschinken.

Tip: Damit Sie beim Salatessen gesund bleiben und in den Genuss seiner vielfältigen Nährstoffe (Kalium, Kalzium, Natrium, Phosphor, Eisen, Vitamin B6, C und Niazin) kommen, sollten Sie biologisch gezogenen Salat der jeweiligen Jahreszeit bevorzugen. Sie vermeiden so den bei der Kultivation von Blattgemüse häufig einge-setzten synthetischen Stickstoffdünger, der die Nitrat-werte des Gemüses in die Höhe treibt.

Linsensalat

Zutaten für 2 Personen

3 EL Magermilchjoghurt · Salz · frisch gemahlener
schwarzer Pfeffer · 1 Messerspitze Kreuzkümmel (Curcuma)
1 EL Zitronensaft · 1 TL Kürbiskernöl oder Olivenöl
1 kleine Zucchini (60 g) · 50 g eingelegter Kürbis
50 g gekochte, kleine grüne Linsen = 20 g Rohgewicht
1/2 Bund glatte Petersilie

Wer sich nur vegetarisch ernährt, muss auf eine ausreichende Eiweißzufuhr achten. Viel pflanzliches Eiweiß steckt z. B. in Hülsenfrüchten und Nüssen.

1 Joghurt mit Salz, Pfeffer, Kreuzkümmel, Zitronensaft und Öl verrühren.
2 Zucchini fein raspeln, salzen und mit Kürbisstückchen und Linsen auf einem Teller anrichten.
3 Mit der Sauce beträufeln und mit gehackter Petersilie bestreuen.

Hirse-Petersilien-Salat

Zutaten für 2 Personen

2 kleine Tomaten · 1 kleine Orange · 2–3 EL Gemüsebrühe
1/2 TL Olivenöl · 1 Messerspitze Kreuzkümmel · frisch
gemahlener schwarzer Pfeffer · 1 Bund glatte Petersilie
1 TL Kürbiskerne · 60–70 g gekochte Hirse = 30 g Rohgewicht

1 Tomaten mit kochendem Wasser überbrühen, Schale abziehen, das Fruchtfleisch würfeln. Orange schälen, klein schneiden. Beides mit Gemüsebrühe, Öl, Kreuzkümmel und Pfeffer in eine Schüssel geben.
2 Petersilienblätter und -stängel fein hacken, Kürbiskerne grob hacken und in die Schüssel geben.
3 Dem Salat die gekochte Hirse hinzufügen, alles gut mischen und anschließend noch eine Weile durchziehen lassen.

Reissalat mit Roastbeef

Zutaten für 2 Personen

1 kleine Orange • 1–2 EL Gemüsebrühe • 1 TL Meerrettich
frische Kräuter (Schnittlauch, Koriander) • 1 Karotte
35–40 g gekochter Reis = 15 g Rohgewicht • 50 g Mungo-
bohnensprossen • Salz • 2 Scheiben Roastbeef (40 g)

1 Die Orange auspressen, den Saft mit Gemüsebrühe, Meerrettich und Schnittlauchröllchen verrühren.
2 Die Karotte raspeln und mit Reis und den Sprossen unter die Sauce mischen. Mit Salz abschmecken.
3 Mit den Roastbeefscheiben auf einem Teller anrichten und etwas durchziehen lassen. Zum Essen Korianderblättchen darüber streuen.

Milder Rettichsalat

Zutaten für 2 Personen

1/2 Apfel • 150 g Rettich • Salz • 1 kleine Tomate • 1/2 TL Öl
1 EL Balsamicoessig • 1/4 Bund glatte Petersilie

1 Apfel und Rettich in hauchdünne Scheiben hobeln, auf einem tiefen Teller anrichten und salzen.
2 Die Tomate achteln, auf den Salat geben, alles mit Öl und Essig beträufeln und etwas durchziehen lassen.
3 Petersilienblätter abzupfen und über den Salat streuen.

Anstatt mit Rettich können Sie diesen Salat auch mit Radieschen zubereiten. Das ist zwar etwas umständlicher, aber geschmacklich noch interessanter.

Tip: Dazu schmeckt hervorragend ein Quarkbrot. Dazu bestreichen Sie 1 Scheibe Vollkornbrot mit Magerquark und würzen es mit Salz und Rosenpaprika.

Vegetarische Hauptgerichte

»Iss mal ein ordentliches Steak, dann kommst du wieder zu Kräften«, dieser gut gemeinte Ratschlag wird angesichts der Rinderseuche BSE und immer neuen Horrormeldungen über die wenig artgerechte Tierhaltung von immer mehr Menschen angezweifelt.

Das Argument der Kraftgewinnung hält einem Seitenblick in die Tierwelt auch nicht stand: Ohne Zweifel sind die leistungsfähigen, langlebigen, ausdauernden Tierarten Pflanzenfresser.

Fleischlos glücklich

Ein weiteres Argument, das für den Fleisch- und Fischverzehr ins Feld geführt wird, ist, dass Fleisch hochwertiges Eiweiß enthält. Das stimmt zwar, aber daneben enthält es auch ziemlich viel Cholesterin und Fett. Außerdem zeigen neue Erkenntnisse, dass die Angst vor Eiweißmangel ziemlich unbegründet ist. Vielmehr gibt es Forschungsergebnisse, die zeigen, dass zwischen dem Verzehr konzentrierter Eiweißnahrung und Herzerkrankungen, Bluthochdruck, Krebs, Arthritis, Gicht und einer Reihe anderer Erkrankungen ein Zusammenhang besteht. Gleich, ob aus ethischen oder gesundheitlichen Gründen, die folgenden Rezepte werden Sie davon überzeugen, dass Sie auch mit einer fleischlosen Küche abwechslungsreich essen können.

Und weil es zu zweit besser schmeckt, sind diese Hauptgerichte für jeweils zwei Portionen berechnet.

Was ist vegetarisch? Man unterscheidet drei Gruppen: Die ovo-lakto-vegetabile Ernährung lässt tierische Produkte wie Eier und Milch zu, verzichtet nur auf Fleisch und Fisch. Die lakto-vegetabile Ernährung verzichtet neben Fisch und Fleisch auch auf Eier; Milchprodukte finden jedoch Verwendung. Die Veganernährung lehnt jegliches tierisches Produkt ab.

Artischockenkasserolle

Zutaten für 2 Personen

4 große Artischocken • 1 l Wasser • 2 EL Olivenöl • 12 kleine, neue Kartoffeln • 4 junge Karotten • 1 Tasse Zuckererbsen 2 Tomaten • Salz, Pfeffer • 2 EL Apfelsaft • 2 EL Petersilie

Es gibt weiße, grüne und violette Artischockenblütenknospen, die allesamt nur kurz lagerfähig sind. Am qualitativ besten sind die großen grünen Artischocken, Früchte mit bräunlichen oder braunen Blättern liegen meist schon etwas länger im Regal.

1 Die Stiele der Artischocken entfernen, das Heu mit einem Löffel abschaben. In kochendem Wasser 30 bis 40 Minuten lang weich kochen.

2 Die Artischockenblätter ablösen. Die Artischockenböden in einer mit Öl bestrichenen feuerfesten Form verteilen.

3 Die Kartoffeln abbürsten, halbieren und um die Artischockenböden verteilen.

4 Die Karotten säubern, in ca. 1 Zentimeter dicke, längliche Streifen schneiden und mit den Erbsen und den gewürfelten Tomaten in die Zwischenräume geben.

5 Den Gemüseauflauf mit etwas Salz und Pfeffer würzen, den Apfelsaft darüber träufeln, zugedeckt etwa 40 Minuten dünsten. Den Auflauf mit gehackter Petersilie bestreut servieren.

Kartoffel-Bohnen-Pfanne

Zutaten für 2 Personen

100 g grüne Bohnen • 300 g Kartoffeln • 1 EL Rapsöl 1 Dose Kidneybohnen (265 g) • 1/8 l Gemüsebrühe 1 Lorbeerblatt • 1 Zweig Bohnenkraut • Jodsalz, Pfeffer

1 Die grünen Bohnen waschen, putzen und in mundgerechte Stücke

schneiden. Die Kartoffeln sorgfältig schälen, waschen und achteln.

2 Das Öl in einer großen Pfanne erhitzen und die Kartoffeln darin unter mehrmaligem Wenden 5 Minuten bei mittlerer Hitze braten. Die Bohnen und die abgetropften Kidneybohnen dazu geben.

3 Die Gemüsebrühe aufgießen, das Lorbeerblatt und das Bohnenkraut hinzufügen und aufkochen lassen; mit Salz und Pfeffer abschmecken.

4 Das Kartoffel-Bohnen-Gericht in geschlossener Pfanne bei mittlerer Hitze 15 Minuten garen lassen. Danach sollte es heiß serviert werden.

Gemüseeintopf mit Weizenkeimen

Zutaten für 2 Personen
50 g grob geschrotete Weizenkörner · 1 1/2 l Gemüsebrühe
1 TL Sojasauce · 2 Karotten · 1 Stange Lauch
1 EL Sonnenblumenöl · 50 g Weizenkeime · Tabasco
Jodsalz · frisch gehackte Petersilie

1 Das Weizenschrot in einem mittleren Topf 2 bis 3 Minuten unter ständigem Rühren rösten, anschließend mit 3/8 Liter Gemüsebrühe und Sojasauce ablöschen. 30 Minuten leicht kochen lassen.

2 Die Karotten schälen, in Scheiben schneiden. Den Lauch waschen und in Streifen schneiden. Das Gemüse in einer Pfanne im Öl andünsten und mit der restlichen Brühe ablöschen. Ca. 5 Minuten bei geringer Hitze garen. Dann die Weizenkeime zugeben und weitere 5 Minuten kochen lassen.

3 Das gegarte Weizenschrot zur Gemüse-Weizenkeim-Mischung geben, mit etwas Tabasco und Salz abschmecken. Zum Schluss die frisch gehackte Petersilie darüber streuen.

Ein wichtiger Bestandteil des Getreides ist Kieselsäure. Sie stärkt nicht nur das Bindegewebe, sondern ebenso Haut, Haare und Nägel. In den ersten Lebensjahren ist eine ausreichende Versorgung von besonderer Bedeutung.

Es geht auch ohne Hack-fleisch: Lasagne mit Gemüse-füllung schmeckt mindestens so gut wie das fleisch-haltige Original.

Vollkornnudeln mit Mangold

Kaufen Sie, wenn möglich, Gemüse und Obst aus biologischem Anbau. Es ist weit weniger mit Schadstoffen wie Pestiziden, Nitrat und Natrium belastet.

Zutaten für 2 Personen

1 Zwiebel • 1 TL Olivenöl • 300 g Mangold • Jodsalz, Pfeffer Muskatpulver • 250 g Vollkornnudeln • 2 Becher fettarmer Joghurt • Paprikapulver

1 Die Zwiebel häuten, fein würfeln und in einer Pfanne mit dem Olivenöl zugedeckt ca. 5 Minuten glasig dünsten.
2 Den Mangold waschen und in Streifen schneiden, mit in die Pfanne geben und bei kleiner Hitze etwa 10 Minuten zugedeckt dünsten, dabei gelegentlich umrühren. Zum Schluss mit etwas Salz, Pfeffer und Muskat abschmecken.
3 Die Vollkornnudeln in Salzwasser kochen, abtropfen lassen und mit

dem gedünsteten Mangold vermischen.

4 Den fettarmen Joghurt nach Geschmack mit Salz, Pfeffer und Paprikapulver würzen, unter den Mangold rühren und sofort heiß servieren.

Gemüselasagne

Zutaten für 2 Personen

100 g Lasagneblätter ohne Ei · 1 l Gemüsebrühe 1 Knoblauchzehe · 3 Tomaten · 1 EL Tomatenmark 1 EL Vollkornmehl · 1 Zwiebel · 100 g Champignons 2 Zucchini · 1 TL Rapsöl · frisch gehackte Kräuter wie Thymian, Basilikum, Oregano · Jodsalz, Pfeffer · 30 g geriebener Gouda (30 %)

1 Die Lasagneblätter in der Gemüsebrühe bissfest garen. Die Knoblauchzehe fein hacken.

2 Die Tomaten waschen, den Stielansatz entfernen, anschließend das Fruchtfleisch pürieren. Mit Tomatenmark aufkochen und mit der Hälfte des Mehls zu einer dickflüssigen Sauce binden.

3 Die Zwiebel häuten und klein würfeln, die Champignons blättrig schneiden, die Zucchini fein raspeln. Die Zwiebel in Öl glasig dünsten, dann die Champignons und die Zucchiniraspeln dazu geben.

4 Das Gemüse mit dem restlichen Mehl binden und mit den frisch gehackten Kräutern sowie mit etwas Salz und Pfeffer abschmecken.

5 Gemüse und Tomatensauce abwechselnd mit den Nudelplatten in eine gefettete Auflaufform schichten. Zum Schluss den geriebenen Käse darüber streuen und im Backofen bei 180 °C ca. 15 Minuten backen.

Gemüse verfügt über einen hohen Gehalt an Vitaminen, Mineralstoffen, Ballaststoffen und bioaktiven Substanzen. Sie sind wohlschmeckend, cholesterinfrei und schonen in der Regel auch den Geldbeutel.

Käseröllchen mit Chinakohl

Studien haben bewiesen, dass Vegetarier im Allgemeinen weniger gesundheitliche Risikofaktoren aufweisen als »Fleischvertilger«: Blutdruck, Körpergewicht und Blutfettwerte sind niedriger, Fettstoffwechselstörungen, Herz-Kreislauf-Erkrankungen, Diabetes und Gicht treten bei ihnen seltener auf.

Zutaten für 2 Personen
1 kleiner Chinakohl · 80 g Champignons · 1 Hand voll Petersilie · 2 altbackene Brötchen · 1 Ei · 80 g Magerquark Jodsalz, Pfeffer · 1 rote Paprikaschote · 4 kleine Scheiben Edamer (30 %) à 20 g · Zahnstocher · 1 TL Rapsöl 1/4 l Tomatensaft · 1/2 Tasse Gemüsebrühe

1 Die Blätter des Chinakohls vom Strunk abtrennen und kurz blanchieren. Die Champignons blättrig schneiden, die Petersilie hacken.

2 Die trockenen Brötchen in Scheiben schneiden, mit dem Ei, dem Magerquark, den Champignons und der Petersilie gut vermengen. Die Mischung nach Belieben mit Salz und Pfeffer abschmecken.

3 Die Paprikaschote waschen, der Länge nach halbieren, entkernen und in wenig Wasser garen (sie sollte noch bissfest sein).

4 2 bis 3 Chinakohlblätter übereinander legen, mit den Käsescheiben belegen und darauf die gedünsteten Paprikaschotenhälften legen. Dann die Brötchenmasse darauf streichen und das Ganze zu einer Roulade aufrollen. Die seitlichen Enden einklappen, mit Zahnstochern verschließen.

5 Die Rouladen in Rapsöl anbraten und anschließend mit dem Tomatensaft und der Gemüsebrühe angießen. Bei 180 °C im Backofen noch etwa 20 Minuten fertig garen.

Tip: Als Beilage zu diesem gehaltvollen Gericht sind Pellkartoffeln oder Folienkartoffeln aus dem Backofen besonders köstlich.

FEIERN SIE EIN KARTOFFELFEST

Ein besonders gesundes Abendbrot mit Familie oder Freunden liefern gebackene Kartoffeln. Während die Kartoffel vor allem Vitamin C bietet, decken Käse und Milchprodukte einen Teil des Vitamin-A- und Vitamin-D-Bedarfs. Zusätzlich enthalten sie reichlich wertvolle Mineralstoffe wie Kalzium und Phospor, die vom Organismus besonders für den Knochenaufbau benötigt werden.

Kartoffeln in Folie
(Für 10 Personen)
20 große, mehlige Kartoffeln à 250 g • Alufolie • etwas Öl zum Bestreichen
Die Kartoffeln waschen, mit Küchenkrepp abtrocknen. Alufolie in passende Stücke schneiden, mit Öl bepinseln. Die Kartoffeln darin einwickeln, im vorgeheizten Backofen (200 °C) etwa 45 Minuten backen. Anschließend Kartoffelschalen mit einem spitzen Messer einritzen und auseinander ziehen. Die Kartoffel aufdrücken, das Innere mit einer Gabel auflockern. Jeweils mit einem Klecks Quarkdip essen.

Paprikaquark
125 g Speisequark (20 % Fett i. Tr.) 100 g Sauerrahm (10 % Fett) 2 Paprikaschoten • Salz, Pfeffer Paprikapulver
Quark mit Sauerrahm glatt rühren. Paprika würfeln und zugeben, mit Salz, Pfeffer und Paprikapulver kräftig abschmecken.

Kräuterquark
125 g Speisequark (20 % Fett i. Tr.) 100 g Sauerrahm (10 % Fett) Salz, Pfeffer • 2 Bund fein gehackte Kräuter
Quark mit Sauerrahm glatt rühren, mit Salz und Pfeffer abschmecken. Die gehackten Kräuter unterheben.

Pikanter Quark
250 g Magerquark • 6 EL Buttermilch • 1 EL fein gehackte Zwiebeln 1 EL gewiegte Kapern • 1 gewürfelte Gewürzgurke • 2 gewürfelte Tomaten • Salz • Kümmel • Paprikapulver
Den Quark mit Buttermilch glatt rühren, mit den übrigen Zutaten vermischen und würzen.

Hauptgerichte mit Fleisch

»Meat-crazy«, verrückt nach Braten, Wurst und Buletten, seien die Deutschen, meldete noch vor wenigen Jahren eine US-Zeitung. Tatsächlich enthält Fleisch lebensnotwendige Nährstoffe (Vitamin A, B-Vitamine, Eisen). Doch sollte es nur als Beilage auf Ihren Teller kommen, denn der Mensch ist kein Karnivore, kein Fleischesser, sondern ein so genannter Omnivore, ein Allesfresser. Die Anatomie unseres Darms weist dabei auf eine Vorliebe für pflanzliche Nahrung hin.

Fleisch – ein Stück Lebenskraft?

Tierisches Eiweiß ist für den Organismus wertvoll, da es einen hohen Gehalt an Aminosäuren hat, die der Körper nicht selbst herstellen kann. Zu viel des Guten belastet jedoch den Stoffwechsel und kann die Nierenfunktion beeinträchtigen. Die Deutsche Gesellschaft für Ernährung empfiehlt pro Kilogramm Körpergewicht täglich 0,8 Gramm Eiweiß, davon höchstens zur Hälfte tierisches. Bei einem Menschen von 65 Kilogramm sind das 26 Gramm Tiereiweiß pro Tag, das entspricht einem kleinen Schnitzel – oder zwei Eiern, denn tierisches Eiweiß muss nicht Fleisch bedeuten. In Maßen, nicht in Massen genossen, ist Fleisch eine reizvolle Komponente in einer abwechslungsreichen Küche. Die folgenden Rezepte sollen Ihnen das Prinzip des ausgewogenen und schmackhaften Kombinierens von Fleisch mit Gemüse und anderen Zutaten zeigen.

Kaufen Sie Fleisch möglichst beim Biobauern, und verzichten Sie ganz auf den Verzehr von Fleisch und Fleischprodukten aus BSE-Risikoländern.

Rindfleisch mit Karottengemüse

Zutaten für 2 Personen
300 g mageres Rindfleisch • 4 Karotten • 1 Zwiebel
1 TL Butter • 100 g Champignons • Saft von 1/2 Zitrone
1 Schuss Weißwein • 100 ml Kaffeesahne (10 %)
1 EL Sauerrahm • Jodsalz, Pfeffer • Muskatpulver
Worcestersauce • 1 Prise Zucker • 1/2 Bund Kerbel

1 Rindfleisch in Streifen schneiden. Die Karotten in dünne Scheiben schneiden. Die Zwiebel würfeln.
2 Die Butter in einer Pfanne erhitzen und die Zwiebel darin glasig dünsten. Karotten und Rindfleisch dazu geben. Bei schwacher Hitze ca. 6 bis 8 Minuten dünsten.
3 Die Champignons blättrig schneiden und mit Zitronensaft beträufeln. Zum Fleisch geben und kurz mitdünsten. Mit Weißwein ablöschen und Kaffeesahne zufügen.
4 Bei schwacher Hitze weitere 6 bis 8 Minuten kochen lassen. Mit Sauerrahm verfeinern und mit den Gewürzen kräftig abschmecken. Mit Worcestersauce und Zucker pikant abrunden.
5 Rindfleisch und Karottengemüse auf Tellern anrichten und mit frischem Kerbel bestreuen.

Wunderwurzel: Von allen Gemüsesorten haben Karotten den höchsten Gehalt an Beta-Karotin. Dieses benötigt der Organismus, um das wichtige Vitamin A herzustellen, das den Sehsinn unterstützt und möglichen Störungen wie der Nachtblindheit vorbeugt. Beta-Karotin macht außerdem die Schleimhäute im ganzen Körper unbezwingbar für Viren und Bakterien. Kein Wunder, dass Karotten in fast allen Kulturen schon an kleine Kinder verfüttert werden.

Hähnchenbrustfilets mit Mozzarella

Zutaten für 2 Personen

2 Hähnchenbrustfilets à 150 g • Jodsalz, Pfeffer aus der Mühle • 1/2 TL Majoran • 1/2 TL Thymian • 1 TL Butterschmalz • 1 Zucchini • 2 Tomaten • 2 Scheiben Schinken à 30 g • 2 Scheiben Ananas • 125 g Mozzarella 1/2 Bund Basilikum • 100 g Spaghetti • verschiedene Blattsalate • 3 EL Joghurtdressing

1 Die Hähnchenbrustfilets mit Salz, Pfeffer, Majoran und Thymian würzen. Butterschmalz in einer beschichteten Pfanne erhitzen und die Filets auf beiden Seiten anbraten. Herausnehmen und in einen Bräter legen.

2 Die Zucchini putzen und in Scheiben schneiden. Im verbliebenen Bratfett kurz andünsten, auf die Hähnchenbrustfilets verteilen.

3 Die Tomaten häuten und in Scheiben schneiden. Mit den Schinken- und den Ananasscheiben auf die Filets legen.

4 Mozzarella in Scheiben schneiden und die Hähnchenbrustfilets damit belegen. Das Ganze im vorgeheizten Backofen bei 180°C ca. 10 bis 15 Minuten überbacken.

5 Anschließend herausnehmen, auf Tellern anrichten und mit fein geschnittenem Basilikum bestreuen. Dazu servieren Sie Spaghetti al dente – wahlweise auch Reis – und einen gemischten Salat mit Joghurtdressing.

Geflügelfleisch – mit Ausnahme von Gans und Ente – ist fettarm und enthält viel leicht verdauliches Eiweiß. Das Fleisch enthält außerdem wichtige Vitamine und Mineralstoffe wie Phosphor, Eisen, Kalium, Natrium.

Tip: Kaufen Sie junges Geflügel der Handelsklasse A. Die Haut sollte weiß und frisch aussehen und keine angetrockneten Stellen aufweisen. Gelbliche Haut und feste Hornhaut an den Krallen sowie gelbes Fett weisen auf ein höheres Alter des Geflügels hin.

Putensteaks mit Blattspinat

Zutaten für 2 Personen

*600 g Spinat • 1 Zwiebel • 1 TL Olivenöl • 250 g Austernpilze
Jodsalz, Pfeffer aus der Mühle • 2 Putensteaks à 150 g
2 EL fettarmer Joghurt*

Statt Spinat können Sie im Prinzip immer auch Mangold verwenden. Dazu behandeln Sie den grünen Teil der Pflanze wie sonst die Spinatblätter.

1 Den Spinat putzen, waschen und in Salzwasser blanchieren.

2 Die Zwiebel schälen, fein würfeln und in Olivenöl glasig dünsten.

3 Die Pilze klein schneiden und anbraten. Dann den Spinat dazu geben und alles mit Jodsalz und Pfeffer abschmecken.

4 Die Putensteaks mit Jodsalz und Pfeffer würzen und von beiden Seiten zuerst sehr heiß und dann bei mittlerer Hitze braten.

5 Die Steaks zusammen mit dem Gemüse auf Tellern anrichten und je 1 Esslöffel Joghurt darüber geben.

Kalbfleisch mit Bananen

Zutaten für 2 Personen

*250 g Kalbsschnitzel • 1 EL Öl • 1 Zwiebel • Pfeffer, Salz
1 Knoblauchzehe • Mehl • etwa 1/8 l Gemüsebrühe
1 kleine Dose Tomaten • 2 Bananen • 1/2 Zitrone • 1 TL Curry*

1 Fleisch kalt abspülen, trockentupfen und in Streifen schneiden.

2 Bratentopf erhitzen, mit Öl auspinseln und das Fleisch darin 8 bis 10 Minuten anbraten.

3 Die Zwiebel schälen und würfeln. Zusammen mit Pfeffer, Salz und der zerdrückten Knoblauchzehe zum Fleisch geben. Alles leicht mit Mehl bestäuben und unter

Rühren die Gemüsebrühe und den Tomatensaft aus der Dose dazu gießen.

4 Alles aufkochen, die Tomaten aus der Dose dazu geben, den Topf schließen und 10 Minuten bei schwacher Hitze kochen lassen, abschmecken und auf vorgewärmten Tellern anrichten.

5 Die halbierten Bananen mit Zitronensaft beträufeln, mit Curry bestäuben und in der Pfanne in wenig heißer Butter goldbraun backen. Eventuell leicht salzen.

Hacksteak mit Rosenkohl

Zutaten für 2 Personen
300 g Rosenkohl (gekocht oder aus der Tiefkühltheke)
2 Tassen Gemüse-Hefe-Brühe • 2 EL Rosinen • 2 EL Zitronensaft • 1 große Zwiebel • 1 EL Rosenpaprika • 6 mittelgroße gekochte Kartoffeln • 150 g Beefsteakhack • 2 TL Öl
Salz, frisch gemahlener schwarzer Pfeffer

1 Tiefkühlrosenkohl in der Gemüsebrühe garen. Rosinen, Zitronensaft und in Streifen geschnittene Zwiebel hinzufügen. Alles mit Paprika würzen. Kartoffeln die letzten 5 Minuten hinzufügen.

2 Wenn Sie bereits gekochten Rosenkohl verwenden, fügen Sie auch den erst jetzt hinzu. Das Ganze zugedeckt 5 Minuten erwärmen.

3 Das Hack zu 2 Frikadellen formen. Eine Pfanne erhitzen, mit Öl auspinseln und die Frikadellen auf jeder Seite 1 Minute braten. Mit Salz und Pfeffer würzen und auf einen vorgewärmten Teller geben.

4 Das Gemüse in die Pfanne geben, schwenken und dabei den Bratensatz lösen. Zum Hacksteak anrichten.

Für viele ungewohnt, aber in der heutigen Zeit eine Überlegung wert: Pferdefleisch ist eine geschmacklich mindestens gleichwertige Alternative zu Rindfleisch.

Mexikanischer Schmortopf mit Weizen

Zutaten für 2 Personen
100 g Weizenkörner • 1/2 l Gemüsebrühe • 1 TL Olivenöl
300 g Schweinefleisch • 2 Knoblauchzehen • 1 Zwiebel
2 Karotten • 1 EL Tomatenmark • 150 g Mais • 150 g grüne
Erbsen • 150 g Kidneybohnen • 1/2 TL Majoran
1/2 TL Thymian • Jodsalz, Pfeffer aus der Mühle

Ausgekeimte Getreideprodukte wie Weizenkeime gelten als besonders vitaminreich. Achten Sie beim Essen schrothaltiger Vollkornprodukte darauf, viel zu trinken. Nur so können die Ballaststoffe ihre Funktion im Darm erfüllen.

1 Den Weizen waschen, gut abtropfen lassen und in eine Schüssel geben. Mit der Hälfte der Brühe übergießen und über Nacht einweichen.

2 Am nächsten Tag das Olivenöl erhitzen und das in Würfel geschnittene Schweinefleisch darin anbraten. Den gehackten Knoblauch zugeben und kurz mitbraten.

3 Zwiebel und Karotten schälen und in Würfel schneiden. Zum Fleisch geben und kurz mitdünsten, bis die Zwiebel glasig ist. Dann das Tomatenmark unterrühren.

4 Weizen mit der restlichen Gemüsebrühe begießen und bei mäßiger Hitze ca. 40 bis 45 Minuten schmoren lassen. Anschließend den Mais, die Erbsen und die Kidneybohnen untermischen, mit Majoran, Thymian, Jodsalz und Pfeffer kräftig abschmecken und nochmals kurz erhitzen.

Nervennahrung: Weizen liefert, wie alle Getreide, Energie in Form von Kohlenhydraten. Stärke wird während des Verdauungsprozesses in Glukose abgebaut und ernährt auf diese Weise die Körperzellen. Die ebenfalls in Getreideprodukten enthaltene Folsäure ist wichtig für die Zellneubildung und die Produktion von Endomorphin, dem Gute-Laune-Hormon.

Ingwertafelspitz mit Pesto

Zutaten für 2 Personen
Pesto: 2 Bund Petersilie · 1 Knoblauchzehe · 1/2 TL Jodsalz
30 ml Öl · 30 g grüne Kürbiskerne · 1 TL Erdnusscreme
Eintopf: 1 große rote Zwiebel · 1 EL Öl · 3/4 l Gemüsebrühe
250 g Tafelspitz · 1 kleiner Kohlrabi · 1/2 Bund Karotten
70 g Ingwerwurzel

1 Für das Pesto die Petersilie grob hacken und zusammen mit abgezogenem Knoblauch, Salz und 2/3 des Öls im Mixer pürieren. Kürbiskerne fein hacken. Erdnusscreme und Kürbiskerne zur Petersilie geben, ca. 4 Sekunden mixen. In ein Glas füllen und mit dem restlichen Öl bedecken.

2 Für den Tafelspitz die Zwiebel abziehen, würfeln und in Öl andünsten. Brühe zufügen und aufkochen. Fleisch dazu geben und bei kleiner Hitze 30 Minuten kochen.

3 Inzwischen vom Kohlrabi die zarten grünen Blätter abschneiden, abspülen und klein schneiden. Kohlrabi, Karotten und Ingwer schälen. Kohlrabi und Karotten in etwa 3 Zentimeter lange Stücke schneiden, Ingwer grob hacken.

4 Das Gemüse zum Fleisch geben und das Ganze 15 Minuten bei geschlossenem Deckel kochen. Die Kohlrabiblätter die letzten 5 Minuten mitkochen.

5 Den Tafelspitz mit dem Pesto servieren.

Das Pesto schmeckt besonders raffiniert, wenn Sie 1 Bund Petersilie durch 1 Bund Koriander ersetzen.

Variante: Wer Tafelspitz – was ja auch die klassische Variante darstellt – nur mit Meerrettich genießen mag, dem sei er vergönnt, zumal Meerrettich besonders bei Harnwegsinfektionen und Nebenhöhlenentzündungen zu den probaten Hausmitteln gehört.

Hauptgerichte mit Fisch

In Deutschland wirklich fangfrischen Fisch zu bekommen, ist nicht einfach. Genießen Sie diesen Luxus im Urlaub, und verwenden Sie in Ihrer Küche Fisch aus der Tiefkühltruhe. Vermeiden Sie jedoch panierten Fisch und alle Fertiggerichte. Die nach den folgenden Rezepten zubereiteten Fischgerichte sind fettarm, enthalten wertvolles Eiweiß und mehrfach ungesättigte Fettsäuren. Außerdem ist Fisch reich an Vitamin A und D sowie an den Spurenelementen Jod und Selen.

Gesundes aus Meer und Seen

Die Zubereitung von Fisch ist häufig mit Geruchsentwicklung verbunden. Lästige Fischgerüche lassen sich vermeiden, wenn Sie folgende Hinweise beachten:

▶ Fisch sollte am Tag des Einkaufs verwendet werden, da er schneller verdirbt als z. B. Fleisch.

▶ Frisch eingekaufte Ware sofort aus dem Papier nehmen, säubern, säuern, später salzen.

▶ Für die Vorbereitung ein Plastikschneidebrett und Plastikgeschirr verwenden, da beides Gerüche nicht so stark annimmt wie ein Holzbrett.

▶ Benutztes Geschirr gleich kalt abspülen. Abfälle dick in Zeitungspapier verpackt in den Mülleimer geben oder diesen sofort leeren.

▶ Gut schließende Töpfe oder Pfannen verwenden. Oder ein mit Essig getränktes Tuch zwischen Topfdeckel und Topf legen.

Frische Fische müssen vor dem Garen vorbereitet werden. Das geschieht nach dem so genannten 3-S-System. Die drei S bedeuten Säubern, Säuern und Salzen!

Gebratene Forellenfilets mit Gemüse

Zutaten für 2 Personen

4 Forellenfilets à ca. 80 g • Zitronensaft • Jodsalz, weißer Pfeffer • 1 TL Butterschmalz • 120 g Lauch • 100 g Sellerie 1 Karotte • 3 EL trockener Weißwein

Gesalzen wird der Fisch erst unmittelbar vor der Zubereitung. Frühzeitiges Salzen schadet, da das Fischfleisch dann ausgelaugt und das Bindegewebe aufgelockert wird.

1 Die Forellenfilets mit einem Haushaltstuch trockentupfen, mit Zitronensaft beträufeln und mit Jodsalz und Pfeffer leicht würzen. In heißem Butterschmalz beidseitig goldgelb braten.

2 Den Lauch, den Sellerie und die Karotte putzen, waschen und in feine Streifen schneiden. Die Gemüsestreifen in Weißwein bissfest dünsten. Salzen und pfeffern.

3 Die gedünsteten Forellenfilets auf vorgewärmten Tellern anrichten und die Gemüsestreifen um die Filets anrichten.

Schollen-Gemüse-Pfanne

Zutaten für 2 Personen

100 g Zwiebeln • 1 Knoblauchzehe • 1 TL Sonnenblumenöl je 200 g Gemüse wie Brokkoli, roter, gelber und grüner Paprika, Champignons • 1/2 Tasse Gemüsebrühe 300 g Schollenfilet • Saft von 1/2 Zitrone • Salz, Pfeffer 1 EL Sauerrahm • 2 EL Kaffeesahne (10 %) • 2 EL gehackte Kräuter (Dill, Schnittlauch, Petersilie) • 1 EL Kürbiskerne

1 Zwiebeln und Knoblauch hacken. Das Öl in einer Pfanne erhitzen und Zwiebel- und Knoblauchwürfel darin glasig dünsten. Das gewaschene und klein geschnittene Gemüse dazu geben und kurz mit andünsten. Mit Brühe angießen und 3 bis 4 Minuten garen.

2 Das gewaschene Schollenfilet in mundgerechte Stücke schneiden, mit Zitronensaft beträufeln, salzen und pfeffern.

3 Den Fisch auf das Gemüse legen, abdecken und ca. 5 Minuten garen.

4 Den Sauerrahm, die Kaffeesahne und die Kräuter miteinander verrühren und gleichmäßig über den Fisch verteilen. Das Ganze kurze Zeit ziehen lassen.

5 Nochmals salzen und pfeffern und mit den gehackten Kürbiskernen bestreuen.

Lengfisch in Tomatensauce

Zutaten für 2 Personen
2 mittelgroße Zwiebeln • 3 Tassen Gemüsebrühe
8 EL Reis = 120 g Rohgewicht • 1 kleine Dose geschälte
Tomaten • Salz, Cayennepfeffer • 2 Messerspitzen gemahlener Koriander • 200 g Lengfischfilet • 4–5 Stangen
Staudensellerie • frisch gemahlener schwarzer Pfeffer
Zitronensaft • 3 TL Olivenöl • 1 Bund Basilikum

1 Zwiebeln klein schneiden und in der Brühe aufkochen. Reis zufügen und quellen lassen.

2 Tomaten mit Salz, Koriander und Cayennepfeffer im offenen Topf stark einkochen.

3 Den Fisch abspülen, trockentupfen, salzen und in der Tomatensauce 5 bis 7 Minuten zugedeckt bei geringer Hitze garen.

4 Sellerie fein hobeln, mit Salz, Pfeffer und Zitronensaft würzen und auf Tellern anrichten.

5 Reis und Fisch mit Tomatensauce auf den Tellern mit Öl beträufeln und mit Basilikum bestreuen.

Frischen Fisch erkennt man an fester, leicht schleimiger Fischhaut, festem Fleisch und noch glänzenden Augen. Weniger frische Ware weist diese Merkmale nicht mehr auf.

Überbackener Kabeljau mit Karotten

Zutaten für 2 Personen

1 TL Butter oder Margarine • 300 g Kabeljaufilet • Jodsalz Zitronensaft • 300 g Karotten • 100 ml Sauerrahm (10 %) geriebene Muskatnuss • 2 EL frisch gehackte Petersilie 50 g geriebener Gouda

Fisch ist besonders leicht verdaulich, da er ein lockereres Bindegewebe aufweist als Fleisch.

1 Eine Gratinschüssel ausfetten und die Fischfilets darin salzen und mit Zitronensaft beträufeln.
2 Die Karotten putzen, in dünne Scheiben schneiden und über den Fisch schlichten.

3 Den Sauerrahm mit Jodsalz, Muskat und Petersilie verrühren und über den Fisch gießen.
4 Mit dem geriebenen Käse bestreuen und im Backofen bei 200 °C ca. 15 Minuten backen lassen.

Seezungenfilet auf Safranreis

Zutaten für 2 Personen

100 g Reis • 1/4 l Gemüsebrühe • 2 Seezungenfilets à 50 g Zitronensaft • Worcestersauce • Jodsalz, Pfeffer aus der Mühle • 1 EL Rapsöl • 1 TL Butter • 1 Zwiebel • 100 g roter Paprika • 1 Messerspitze Safran

1 Den Reis in einen Topf geben und in Gemüsebrühe bissfest garen, dabei mehrmals umrühren.
2 Die Seezungenfilets mit Zitronensaft und Worcestersauce beträufeln. Mit Jodsalz und Pfeffer würzen und im Kühlschrank mindestens 10 Minuten ziehen lassen. Dann den Fisch auf einen mit Alufolie ausgelegten Grillrost legen, mit

Rapsöl bestreichen und im Backofen oder Grill etwa 10 Minuten bei 180 °C garen.

3 Die Butter in einer Pfanne erhitzen und die fein gehackte Zwiebel darin glasig dünsten. Den Paprika entkernen und würfeln, dazu geben und kurz mit anbraten. Dann den gekochten Reis darunter mischen und mit Safran, Jodsalz und Pfeffer würzen.

4 Die Seezungenfilets zusammen mit dem Safranreis auf vorgewärmten Tellern anrichten und servieren.

Kapernfisch auf Gemüsebett

Zutaten für 2 Personen
1 Fenchelknolle • 6 mittelgroße Kartoffeln • 2 Karotten
2 Lauchzwiebeln • 2 Tassen Gemüsebrühe • Cayennepfeffer
200 g mageres Leng- oder Rotbarschfilet • Salz
glatte Petersilie • schwarzer Pfeffer • Zitronenschale
4 TL Kapern • 2 EL Öl

1 Fenchel, Kartoffeln, Karotten und Lauchzwiebeln in Stifte, Spalten oder Ringe schneiden, mit der Gemüsebrühe in einen Topf geben, mit Cayennepfeffer würzen und 5 Minuten kochen.

2 Inzwischen das Fischfilet salzen, mit gehackter Petersilie, schwarzem Pfeffer, geriebener Zitronenschale und Kapern bestreuen. Auf das angedünstete Gemüse legen und zugedeckt noch weitere 5 Minuten auf mittlerer Wärmestufe garen lassen.

3 Gemüse und Fisch auf vorgewärmte Teller legen, abdecken.

4 Den Sud bei starker Hitze etwas einkochen, Öl hinzufügen und auf den Fisch träufeln.

Fische werden nach dem unterschiedlichen Fettgehalt in Fett- und Magerfische eingeteilt. Zu den Magerfischen zählen beispielsweise Kabeljau, Seelachs, Seehecht, Forellen und Schellfisch.

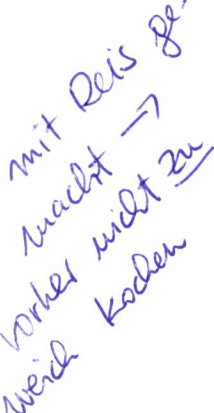

mit Reis
macht →
vorher nicht zu
weich kochen

Safrandinkel mit Krabben ✓

Zutaten für 2 Personen

1 Tasse Gemüsebrühe · 1 Lorbeerblatt · 1 Stück unbehandel-
te Orangenschale · 2 Prisen Cayennepfeffer · 1 Tütchen
Safran (Fäden oder Pulver) · 1 große Zwiebel · 2 mittelgroße
Paprikaschoten · 1–2 Knoblauchzehen · 2 mittelgroße
Tomaten · frisch gemahlener schwarzer Pfeffer, Salz
etwa 250 g gekochter Dinkelschrot = 100 g Rohgewicht
100 g Erbsen, auch aus dem Tiefkühlregal
150 g Krabbenfleisch · 3 TL Olivenöl · frisches Basilikum

Wer auf das Cholesterin achten muss, sollte bei Schaltieren vorsichtig sein: Hummer und Krebse sind wegen ihres hohen Cholesteringehalts nicht so günstig.

1 Gemüsebrühe mit dem Lorbeerblatt, der Orangenschale, dem Cayennepfeffer und dem Safran zugedeckt langsam zum Kochen bringen.

2 Die Zwiebel häuten und würfeln, den Paprika klein schneiden, der Gemüsebrühe hinzufügen und 5 Minuten bei schwacher Hitze garen.

3 Den Knoblauch fein hacken. Die Tomaten halbieren, mit dem gehackten Knoblauch bestreuen und mit etwas Pfeffer und Salz würzen.

4 Den gekochten Dinkelschrot und die Erbsen zur Brühe in die Pfanne geben, anschließend umrühren. Tomaten mit der Schnittfläche nach oben hineinsetzen und das Ganze weitere 3 bis 4 Minuten zugedeckt garen.

5 Das Krabbenfleisch 1 Minute im Gemüse erwärmen.

6 Den Safrandinkel auf die Teller geben, das Olivenöl darüber träufeln und vor dem Servieren mit Basilikumblättern bestreuen.

Tip: Wenn Sie gerade keinen Dinkelschrot zur Verfügung haben, können Sie für dieses Gericht alternativ auch Natur- oder Parboiled Reis verwenden.

Gegrillte Seelachsfilets mit Reis

Zutaten für 2 Personen
300 g Seelachsfilet
Marinade: 1 EL Olivenöl • 1/8 l trockener Weißwein
1 Lorbeerblatt • 1 Knoblauchzehe • 1 EL frisch gehackte
Petersilie • Jodsalz • 1 TL grüne Pfefferkörner
1 EL Zitronensaft
Sauce: 1 Knoblauchzehe • 1 TL Olivenöl • 100 g Sardellenfilets
1 TL getrockneter Oregano • 1 rote Pfefferschote
1 EL Zitronensaft • Jodsalz • 1 EL frisch gehackte Petersilie
je 100 g Brokkoliröschen und Blumenkohlröschen
etwas Gemüsebrühe • 80 g Reis • 1 EL frische Kräuter

1 Die Seelachsfilets mit kaltem Wasser waschen.

2 Aus sämtlichen Marinadezutaten eine Sauce herstellen, die Fischfilets damit übergießen und mindestens 1 Stunde ziehen lassen.

3 Den gehackten Knoblauch in Olivenöl andünsten, die zerkleinerten Sardellenfilets, den Oregano und die entkernte, zerkleinerte Pfefferschote zufügen. Zusammen etwa 2 bis 3 Minuten dünsten. Danach mit Zitronensaft und etwas Jodsalz abschmecken und mit Petersilie bestreuen.

4 Die Seelachsfilets aus der Marinade nehmen und ca. 10 Minuten im Backofen bei 180 °C grillen. Zwischendurch immer wieder wenden und mehrmals mit der Marinade bestreichen.

5 Das Gemüse in wenig Gemüsebrühe blanchieren, den gekochten Reis beimengen und mit Jodsalz, Pfeffer und frisch gehackten Kräutern abschmecken.

6 Die gegrillten Seelachsfilets mit der Sauce überziehen. Dazu reichen Sie als Beilage den Gemüsereis.

Fisch enthält Omega-3-Fettsäuren, die blutdrucksenkend wirken. 100 Gramm Seelachs decken den täglichen Jodbedarf eines Erwachsenen.

Fischtopf

Zutaten für 2 Personen
1/2 l Gemüse-Hefe-Brühe · 1 große unbehandelte Orange
2 Messerspitzen Curry · 1/2 TL Fenchelsamen
1 großes Lorbeerblatt · 2 große Tomaten · 2 Fenchelknollen
2 Karotten · 1 große Petersilienwurzel · 4 mittelgroße
gekochte Kartoffeln · 1–2 Knoblauchzehen
1/2 TL Sambal oelek oder Cayennepfeffer · 3 TL Olivenöl
frisches Basilikum · Salz · 200 g Kabeljau

Teller lassen sich ganz leicht vorwärmen, wenn man sie kurz auf den Topf mit dem Gargut legt.

1 Die Gemüse-Hefe-Brühe und 2 Tassen Wasser mit etwas Orangenschale, Curry und Fenchelsamen aufkochen. Die Tomaten waschen, den Stielansatz herausschneiden, anschließend vierteln. Fenchel, Karotten und Petersilienwurzel ebenfalls klein schneiden und in der Brühe 10 Minuten bei mittlerer Hitze zugedeckt garen.

2 Die gekochten Kartoffeln pellen, in Würfel schneiden und in eine kleine Schüssel geben. Den zerdrückten Knoblauch, Sambal oelek, Öl und 4 bis 8 gehackte Basilikumblätter zufügen, 3 bis 4 Esslöffel der heißen Brühe zugießen und alles mit einer Gabel zerdrücken. Mit etwas Salz abschmecken.

3 Die Orange in kleine Stückchen schneiden. Den Fisch abspülen, trockentupfen und in Würfel teilen. Beides in die Suppe geben und etwa 1 Minute gar ziehen lassen. Suppe in vorgewärmte tiefe Teller füllen und die Kartoffelsauce dazu reichen.

Tip: Für dieses Gericht kann man statt Kabeljau auch Lengfisch, Lachs, Rotbarsch oder eine vergleichbare Fischsorte verwenden.

Fischfrikassee

Zutaten für 2 Personen
200 g Heilbutt • 2 EL Zitronensaft • 1 EL Diätmargarine
2 EL Mehl • 50 ml entrahmte Milch • 1/2 TL gekörnte
Gemüsebrühe • weißer Pfeffer • 100 g in kleine Stücke
geschnittener Spargel • 1 EL frisch geschnittener
Schnittlauch

1 Den Heilbutt säubern und den Fisch anschließend mit 1 Esslöffel Zitronensaft säuern.

2 Bringen Sie in einem Topf 1/2 Tasse Wasser zum Kochen, und lassen Sie den Fisch etwa 10 Minuten bei geringer Hitze darin ziehen.

3 In einem anderen Topf lassen Sie die Diätmargarine zerlaufen, schwitzen darin das Mehl hell an und geben ein 1/4 Liter Flüssigkeit zu (bestehend aus 200 Milliliter Wasser und 50 Milliliter entrahmter Milch).

4 Das Ganze durchkochen lassen und mit der gekörnten Gemüsebrühe, 1 Esslöffel Zitronensaft und weißem Pfeffer abschmecken. Anschließend geben Sie den in kleine Stücke geschnittenen Spargel und den frisch geschnittenen Schnittlauch hinzu.

5 Richten Sie den Fisch auf einem Teller an, und übergießen Sie ihn kurz vor dem Servieren mit der Marinade. Als Beilage zu diesem Gericht empfiehlt sich Langkorn- oder Parboiled Reis.

Die klassische Würzalternative zu Schnittlauch ist Dill – zumindest was Fisch anbelangt. Auch Fenchelkraut harmoniert sehr gut mit allem, was aus dem Meer kommt.

Tip: Spargel sollte ruhig öfter auf Ihrem Speiseplan stehen. Er ist das kalorienärmste Gemüse, enthält aber dennoch enorm viele Biostoffe. Menschen mit erhöhten Harnsäurewerten müssen allerdings den hohen Puringehalt im Spargel beachten.

Snacks und kleine Mahlzeiten

»Du bist ja auch ständig am Essen.« – Wer zu Überge-wicht neigt und denkt, es liege daran, dass er nicht nur zu den drei Haupmahlzeiten etwas esse, liegt falsch. Anstelle der traditionellen drei Mahlzeiten empfehlen viele Ernährungswissenschaftler, die Nahrungsmenge über den ganzen Tag – optimal sind fünf bis sechs klei-nere Mahlzeiten – zu verteilen. Dabei ist wichtig, was man zwischendurch isst: Ein Schokoriegel nach dem anderen, eine Tüte Bonbons am Nachmittag oder Chips mit einem Colagetränk zur Spätmahlzeit sind für eine fettreduzierte Ernährung nicht geeignet. Auf den fol-genden Seiten finden Sie zahlreiche Anregungen für kleine Mahlzeiten. Viele Gerichte lassen sich vorbereiten und mit ins Büro nehmen.

Zwischenmahlzeit erbeten!

Das Frühstück ist als erste Mahlzeit am Tag so wichtig, dass niemand darauf verzichten sollte. Wer früh das Haus verlässt, bekommt meist zwischen 10.00 und 11.00 Uhr wieder Hunger. Machen Sie um diese Zeit eine Pause, insbesondere dann, wenn das erste Früh-stück sehr klein ausgefallen ist. Das Mittagessen richtet sich nach den Arbeitsbedingungen und Ihrem individu-ellen Nährstoffbedarf. In vielen Fällen ist es sinnvoll, auf die Vorspeise und/oder das Dessert zu verzichten. Die Kaffeepause gibt noch mal Gelegenheit, neue Energie für den Nachmittag zu tanken.

Je nach Tages-ablauf kann das Abendessen auch die Haupt-mahlzeit sein. Es sollte zwi-schen 18.00 Uhr und 19.30 Uhr eingenommen werden. Wem die Nacht zu lang wird, kann mit einer leich-ten Spätmahl-zeit (Obst, ein belegtes Brot) die Zeit bis zum Frühstück über-brücken.

Lachsschinken mit Chicorée

Zutaten für 2 Personen
1 EL Obstessig · 1 TL Olivenöl · 2 EL frische Kräuter · Jodsalz, Pfeffer · 2 Chicorée · 50 g Blauschimmelkäse · 1 Knoblauchzehe · 1 EL fettarme Milch · 60 g magerer Lachsschinken 2 EL Paprikaschotenwürfel

Chicorée wird seit über 100 Jahren auf komplizierte und kostenintensive Weise angebaut: Von den Rüben werden die Blätter abgetrennt, danach werden sie ohne Licht kultiviert. Im Dunkeln treiben dann die großen, fleischigen Sprossen aus.

1 Aus Obstessig, Öl und der Hälfte der gehackten Kräuter eine Marinade herstellen und mit Jodsalz und Pfeffer würzen. Die Chicoréeblätter durch die Marinade ziehen und auf Tellern anrichten.
2 Den Blauschimmelkäse mit der Gabel zerdrücken, restliche Kräuter und den gehackten Knoblauch sowie die Milch dazu geben und zu einer Masse verrühren.
3 Mit der Masse den dünn aufgeschnittenen Lachsschinken belegen und diesen zusammenklappen. Die gefüllten Taschen auf den marinierten Chicorée legen und mit bunten Paprikawürfeln bestreuen.

Gourmetbrötchen mit Rauchforelle

Zutaten für 2 Personen
1 geräuchertes Forellenfilet · 30 g Zwiebeln · 1 TL Butter 1 Frühlingsschalotte · Schnittlauch, Kresse · Pfeffer aus der Mühle · 2 Eier · 6 Scheiben Stangenweißbrot · 2 Tomaten 50 g Blauschimmelkäse · Radieschensprossen

1 Das geräucherte Forellenfilet in mundgerechte Stücke schneiden.
2 Die gehackte Zwiebel in Butter glasig dünsten, die fein geschnittene

Frühlingsschalotte hinzufügen und mitdünsten. Die Forellenfiletstücke ebenfalls dazu geben und von allen Seiten leicht anbraten. Nach Gusto mit den frisch gehackten Kräutern bestreuen und mit Pfeffer würzen.

3 Die verquirlten Eier über den Fisch geben und kurz stocken lassen.

4 Die Weißbrotscheiben leicht antoasten, in eine Pfanne legen und die Forellen-Eier-Masse darauf verteilen. Die Tomatenwürfel darüber geben und zum Schluss mit Scheiben von Blauschimmelkäse belegen.

5 In der Backröhre bei 180 °C ca. 3 bis 4 Minuten überbacken. Anschließend auf Tellern anrichten und die knusprigen Brötchen mit Radieschensprossen garnieren.

Zucchini-Tomaten-Gratin

Zutaten für 2 Personen
300 g Zucchini · 250 g Tomaten · 125 g Schafskäse
3 TL Olivenöl · 1 TL Oregano · Jodsalz, Pfeffer aus der Mühle

1 Die Zucchini und Tomaten waschen, putzen und in ca. 1/2 Zentimeter dicke Scheiben schneiden. Den Schafskäse in kleine Würfel zerteilen.

2 Eine Auflaufform mit 1 Teelöffel Olivenöl ausstreichen, die Zucchini- und Tomatenscheiben abwechselnd einschichten, den Käse darüber vertei-

len und mit Oregano, Jodsalz und Pfeffer würzen.

3 Das restliche Öl gleichmäßig über das Gemüse träufeln.

4 Das Zucchini-Tomaten-Gratin im vorgeheizten Backofen bei einer Temperatur von 200 °C auf der mittleren Schiene ca. 15 bis 20 Minuten überbacken.

Tomaten auf dem Speiseplan beugen nicht nur Herz-Kreislauf-Beschwerden, sondern auch Tumorerkrankungen vor. Sie sind reich an so genannten Antioxidanzien, die die Körperzellen gegen den Angriff freier Radikale schützen.

Marinierte Auberginen

Zutaten für 2 Personen
2 mittelgroße Auberginen · 2 Tomaten · 1/2 Knoblauchzehe
2 TL Zitronensaft · 2 TL Öl · frischer Thymian

Achtung: Auberginen sollten Sie nie roh essen. Sie enthalten das giftige Alkaloid Solanin.

1 Die Auberginen etwa 10 Minuten über Dampf blanchieren oder in wenig kochendem Wasser garen, abkühlen lassen und in Scheiben schneiden.
2 Die Tomaten halbieren, entkernen und fein würfeln. Die Tomatenkerne mit dem zerdrücktem Knoblauch, dem Zitronensaft, dem Öl und den Thymianblättern mischen und etwas ziehen lassen.
3 Gewürfelte Tomaten über die Auberginenscheiben geben und mit dem Dressing beträufeln.

Wintersalat mit Putensteaks

Zutaten für 2 Personen
2 magere Putensteaks à 100 g · 1 TL Sonnenblumenöl
Oregano, Rosmarin · 1 Knoblauchzehe · Wintersalate
(Chicorée, Kirschtomaten, Lollo Rosso, Chinakohl, Endivie)
frisch gehackte Petersilie
Marinade: 1 TL Keimöl · 1 EL Obstessig · 2 EL gewürfelte
Paprika · Salz, grober Pfeffer · frisch gehackte Kräuter

1 Die Putensteaks auf ein Stück Alufolie legen und sparsam mit dem Öl bestreichen.
2 Das Fleisch mit Oregano, Rosmarin und der gehackten Knoblauchzehe bestreuen und in der vorgeheizten Backröhre ca. 10 Minuten grillen.
3 Die Salate waschen und auf 2 Tellern anrichten. Mit Petersilie bestreuen.

4 Aus Öl, Essig, den gewürfelten Paprikaschoten, Salz, Pfefferkörnern und frisch gehackten Kräutern eine Marinade zubereiten und die Salatblätter gleichmäßig damit überträufeln.

5 Die Putensteaks in Scheiben schneiden und auf dem Salat anrichten. Warm servieren.

Sülze vom Tafelspitz mit Senfsauce

Zutaten für 2 Personen
200 g mageres Rindfleisch (Tafelspitz) • je 1/2 rote und gelbe Paprikaschote • 40 g Brokkoli • 40 g Champignons 40 g Erbsen • gehacktes Eiweiß von 1 gekochten Ei 1 Päckchen Sülzepulver
Senfsauce: 1 TL körniger Senf • 1/2 rote Zwiebel • Eigelb von 1 gekochten Ei • 1 TL Keimöl • 1 EL Weißwein • Jodsalz, Pfeffer frisch gehackte Kräuter

Die Sülze lässt sich gut vorbereiten und eignet sich, auf einem Salatblatt angerichtet, nicht nur als delikate Mahlzeit im Büro, sondern auch als feine Vorspeise für ein Menü.

1 Das Rindfleisch in kochendem Salzwasser garen, anschließend in Würfel schneiden.

2 Die Paprikaschoten entkernen und zerkleinern, den Brokkoli und die Champignons kurz blanchieren und ebenfalls klein schneiden. Mit den Erbsen, dem gehackten Eiweiß des gekochten Eis und dem Tafelspitz gut verrühren und in eine Stürzform geben.

3 Das Sülzepulver nach Packungsangabe anrühren, aufkochen und heiß über das Tafelspitzgemüse gießen. Über Nacht im Kühlschrank fest werden lassen.

4 Den Senf mit der gehackten roten Zwiebel, Eigelb, Keimöl, Weißwein, Jodsalz, Pfeffer aus der Mühle und frisch gehackten Kräutern zu einer Sauce verrühren und über die Sülze geben.

Krabbenbrötchen

Kräuter sind fettfrei und dürfen auch in der kleinen Snackküche nicht fehlen. Sie enthalten wirksame bioaktive Substanzen, die den Kreislauf und den Stoffwechsel anregen. Lassen Sie sich von der Vielzahl der Kräuter inspirieren.

Zutaten für 1 Person

1 kleine Tomate • 4–5 grüne Oliven • 1 TL Senf • 1 TL Sauerrahm • 1 EL Gemüse-Hefe-Brühe • 40 g Krabbenfleisch frische Kresse • frisch gemahlener schwarzer Pfeffer 1 Roggenbrötchen

1 Die Tomate und die Oliven klein schneiden. Mit Senf, Sauerrahm und Gemüsebrühe zu einem Dip verrühren.

2 Alles mit Krabben und der Kresse mischen und mit wenig Pfeffer würzen.
3 Mit dem Roggenbrötchen essen.

Roastbeef mit Gemüse

Zutaten für 2 Personen

4 Scheiben Roastbeef à 30 g • Jodsalz, Pfeffer aus der Mühle 1 TL mittelscharfer Senf • 1 Zucchini • je 1/2 rote und gelbe Paprikaschote • 100 g Champignons • 3 EL Sauerrahm 3 EL fettarmer Joghurt • 1 EL frisch gehackte Kräuter wie Dill und Schnittlauch • 1 Knoblauchzehe • Meerrettich

1 Roastbeef mit Salz und Pfeffer würzen und dünn mit Senf bestreichen. Auf den Grill legen und ca. 30 Minuten rosa braten.
2 Die Zucchini, die Paprikaschoten und die vorblanchierten Champignons in mundgerechte Stücke schneiden, auf

einen Spieß stecken, ebenfalls auf den Grill legen und bissfest garen.
3 Sauerrahm und Joghurt mischen, mit Kräutern sowie der zerdrückten Knoblauchzehe und dem Meerrettich verrühren, mit Jodsalz und Pfeffer abschmecken.

4 Das Fleisch vom Grill nehmen und mit einem scharfen Messer in dünne Scheiben schneiden. Mit dem Gemüsespieß auf 2 Tellern anrichten und mit der Kräutersauce überziehen.

Gemüse-Tofu-Bratlinge

Zutaten für 2 Personen
250 g Tofu • 150 g Sellerie • 100 g Porree • 1 rote Paprika-
schote • 1 rote Zwiebel • 1 Knoblauchzehe • 50 g magerer
gekochter Schinken • 1 Ei • 2 EL frisch gehackte Kräuter
1 EL Sojasauce • Semmelbrösel • Jodsalz, Pfeffer aus der
Mühle • 2 EL Olivenöl

1 Den Tofu mit einem Mixstab fein pürieren. Sellerie und Porree gut waschen, den Sellerie fein raspeln, den Porree in hauchdünne Scheiben schneiden, die Paprikaschote würfeln.
2 Zwiebel und Knoblauch schälen, fein hacken. Den gekochten Schinken in Würfel schneiden und zusammen mit dem Gemüse zum Tofu geben.

3 Die Tofumasse mit Ei, Kräutern, Sojasauce und so viel Semmelbröseln vermischen, dass ein fester Teig entsteht. Anschließend nach Geschmack mit Jodsalz und Pfeffer aus der Mühle würzen. Aus dieser Masse kleine Plätzchen formen.
4 In einer beschichteten Pfanne das Olivenöl erhitzen und die Gemüse-Tofu-Bratlinge darin knusprig braten.

Tofu wird aus Sojamilch gewonnen. In die noch heiße Milch wird als Gerinnungsmittel Kalzium- oder Magnesiumsulfat gegeben. Bereits nach wenigen Minuten flockt das Eiweiß aus. Darüber setzt sich die Molke ab. Sie wird abgeschöpft, das Eiweiß kommt in Kästen und wird gepresst.

Tip: Als knackige Beilage für die Gemüse-Tofu-Bratlinge empfiehlt sich ein gemischter Salat aus verschiedenen Blattgemüsen mit Kräutervinaigrette.

Orangenfrischkäse

Zutaten für 1 Person
Saft von 1 Orange • 150 g körniger Frischkäse • etwas unge-
spritzte geriebene Orangenschale • 1/2 TL Zucker oder Honig

1 Frischkäse mit dem Orangensaft verrühren und die abgeriebene Orangenschale zugeben.

2 Vor dem Verzehr je nach Geschmack mit etwas Zucker oder mit Honig süßen.

Karottenbratlinge

Bereiten Sie den Teig für die Karotten-bratlinge gleich in der doppelten Menge zu. Die Bratlinge lassen sich problemlos einfrieren, schmecken aber auch kalt.

Zutaten für 2 Personen
250 g Karotten • 1 Zweig Rosmarin • Salz • 50 g Magerquark
2 EL Haferflocken • 2 EL geriebener Gouda • 1 EL gehackte
Petersilie • Jodsalz, Pfeffer aus der Mühle • 2 EL Sonnen-
blumenkerne • 1 EL Sonnenblumenöl

1 Die Karotten dünn schälen, klein schneiden und in wenig Wasser mit dem Rosmarinzweig und etwas Salz bissfest garen.
2 Anschließend die abgetropften Karotten mit dem Magerquark in einem Mixer pürieren. Die Haferflocken, den geriebenen Gouda und die gehackte Petersilie dazu geben und alles gut vermischen. Nach Gusto mit Jodsalz und Pfeffer abschmecken.
3 Aus dieser Masse 4 kleine Bratlinge formen. Die Bratlinge in den Sonnenblumenkernen wälzen und diese gut andrücken.
4 Das Sonnenblumenöl in einer beschichteten Pfanne erhitzen und die Bratlinge von beiden Seiten ca. 3 bis 4 Minuten goldbraun braten.

Früchtequark mit Nussflocken

Zutaten für 1 Person
125 g Magerquark • 25 ml Orangensaft • 1 kleiner Apfel,
ca. 50 g • 1 kleine Birne, ca. 100 g • 1 TL gehackte Haselnüsse
1/2 EL Weizen-, Hafer- oder Gerstenflocken • etwas Vanille

1 Den Magerquark und den Orangensaft miteinander verrühren.
2 Den Apfel und die Birne waschen (nicht schälen), entkernen, in kleine Stücke schneiden und unter den Magerquark mengen.
3 Die gehackten Nüsse sowie die Flocken untermischen und den Früchtequark mit Vanille abschmecken.

Frischkäse mit warmen Tomaten

Zutaten für 2 Personen
1 Knoblauchzehe • 4 kleine Tomaten • Salz, frisch gemahlener schwarzer Pfeffer • 1/2 TL getrocknete Provencekräuter • 4 EL körniger Frischkäse • 1 TL Olivenöl
2 Scheiben Vollkornbrot

1 Eine kalte Pfanne mit der aufgeschnittenen Knoblauchzehe einreiben, Tomaten in Scheiben schneiden, in die Pfanne legen und zugedeckt erhitzen.
2 Nach 2 Minuten die Tomatenscheiben wenden, mit Gewürzen und Kräutern bestreuen und bei schwacher Hitze weitere 2 Minuten garen.
3 In der letzten halben Minute den Frischkäse darauf verteilen. Anschließend das Ganze mit Öl beträufeln und mit dem getoasteten Brot warm servieren.

Als Kolumbus die ersten Tomatenpflanzen aus Amerika mitbrachte, begegneten die Europäer der intensiv duftenden Frucht mit Misstrauen. Heute ist der »Liebesapfel« aus unserer Küche nicht mehr wegzudenken.

Indischer Reissalat

Zutaten für 1 Person

1 EL Zitronensaft • 1 TL Öl • Salz • 1/2 –1 TL Curry
1–2 EL Gemüsebrühe • 1 kleine Tomate • 90 g gekochter
Reis = 30 g Rohgewicht • 50 g Erbsen (Tiefkühlregal)
je 1/2 Bund Schnittlauch und Petersilie
1–2 Blätter Minze, frisch oder getrocknet

1 Aus Zitronensaft, Öl, Salz, Curry und Brühe eine Salatsauce rühren.
2 Tomate fein würfeln, mit Reis und Erbsen zur Sauce geben und eine Weile ziehen lassen.
3 Die Kräuter hacken und vor dem Servieren hinzufügen.

Bohnensalat mit marinierten Austernpilzen

Zutaten für 2 Personen

1 Dose dicke Bohnen • 1 kleiner Radicchio
3 milde Peperoni aus dem Glas • 150 g Austernpilze
1 EL Butter • 1 TL Honig • 100 ml dunkler Portwein oder
Traubensaft • 2 Zweige frischer Thymian • 2–3 EL Rotwein-
essig • Salz, frisch gemahlener schwarzer Pfeffer
2 EL kaltgepresstes Olivenöl

Berufstätige, die wenig ans helle Tageslicht kommen, sollten häufiger Pilze essen. Das reichlich in ihnen enthaltene Vitamin D beugt Knochenverformungen und Knochenabbau vor.

1 Bohnen auf ein Sieb abgießen, abspülen und abtropfen lassen. Mit geputztem und zerpflücktem Radicchio vermischen. Peperoni waschen, abtropfen lassen und in Ringe schneiden, zu den Bohnen fügen.
2 Austernpilze eventuell halbieren und in heißer Butter anbraten, Honig

und Portwein zufügen und das Ganze in der geschlossenen Pfanne 2 Minuten dünsten.
3 Pilze auf den Salat geben. Die Pilzsauce mit abgezupften Thymianblättern, Essig, Salz und Pfeffer mischen und bei großer Hitze bis auf etwa 4 Esslöffel einkochen lassen.
4 Öl unterrühren, mit Salz und Pfeffer abschmecken und heiß über die Salatzutaten geben.

Gratinierte Gurke

Zutaten für 2 Personen
1 mittelgroße Gurke • 1 Schalotte • 1 TL Butter
1 EL Semmelbrösel • 1 kleines Ei • 25 g frisch geriebener Parmesan • 1 Messerspitze Muskatpulver • Jodsalz, Pfeffer aus der Mühle • 1 TL Sonnenblumenöl

1 Die Gurke schälen, putzen und der Länge nach halbieren. Kurz in kochendem Wasser blanchieren. Anschließend das Fruchtfleisch für die Füllung herausschneiden.
2 Die Schalotte fein hacken und in der Butter goldgelb dünsten. Die Semmelbrösel hinzufügen, kurz anrösten.
3 Das Fruchtfleisch der Gurke mit der Schalotten-Semmelbrösel-Mischung verrühren.

Anschließend das Ei und den geriebenen Käse dazu geben und alles gut miteinander vermischen. Es sollte eine feste Masse entstehen; bei Bedarf noch etwas Semmelbrösel unterrühren. Mit Muskat, Jodsalz und Pfeffer abschmecken.
4 Die Gurkenhälften mit der Masse füllen und mit Öl beträufeln. In einer gefetteten Auflaufform im Backofen bei 200 °C ca. 20 Minuten garen.

Kalorienärmer geht es fast nicht: Die wasserreiche Gurke ist die ideale Salatgrundlage und ein hervorragender Durstlöscher. Außerdem stärkt sie das Immunsystem und beruhigt die Darmschleimhaut.

Tunesische Kichererbsen

Zutaten für 1 Person

1/2 Dose Kichererbsen (ca. 120 g) • je 1 Messerspitze Kreuz-kümmel, Rosenpaprika, Muskat, Salz • 1 Knoblauchzehe 1/2 kleine Gurke • 1 kleiner Apfel • etwas glatte Petersilie und Schnittlauch • 1 TL Zitronensaft

Wer den ganzen Vormittag nichts isst, braucht sich über mangelnde Leistungsfähigkeit und fehlendes Konzentrationsvermögen nicht zu wundern.

1 Kichererbsen mit dem Wasser aus der Dose in einen Topf geben.
2 Die Gewürze, etwas Salz und den durchgepressten Knoblauch zufügen und 15 Minuten kochen, abkühlen lassen.

3 Die Gurke und den Apfel grob raspeln, die Kräuter fein hacken und mit Zitronensaft zu den Kichererbsen geben.
4 Vor dem Servieren mit Salz und Paprikapulver nachwürzen.

Staudensellerie mit Schinken

Zutaten für 1 Person

100 g Staudensellerie • 1 Scheibe gekochter Schinken 1 Mandarine • 80–90 g gekochter Reis = 30 g Rohgewicht 1/2 Bund Schnittlauch • 1 kleine Knoblauchzehe • 1/2 TL Olivenöl • 2 EL Gemüsebrühe • 1 EL Zitronensaft • Salz • Curry

1 Den Staudensellerie, den gekochten Schinken und die Mandarine klein schneiden. Mit dem gekochten Reis mischen.
2 Den Schnittlauch und den Knoblauch hacken und dazu geben.

3 Das Olivenöl und die Gemüsebrühe mit Zitronensaft, Salz und Curry zu einer Salatsauce verrühren, über den Reis geben. Der angemachte Salat sollte danach noch eine Weile ziehen.

Blumenkohlsalat mit Putenschnitzel

Zutaten für 1 Person
200 g Blumenkohl • 1 EL Obstessig • 1 kleine Orange • Salz
1 Teelöffelspitze Curry • 1 TL Olivenöl • etwas glatte Petersilie
1/2 Bund Schnittlauch • 1 Scheibe Vollkornbrot
1–2 Scheiben gebratenes Putenschnitzel (20 g)

1 Den Kohl bis auf etwa 50 Gramm mit Essig in Salzwasser garen.
2 Die Orange auspressen und den Saft mit Curry, Olivenöl, Salz, Petersilienblättern und grob gehacktem Schnittlauch verrühren.

3 Gekochten Blumenkohl in Röschen teilen. Rohe Röschen fein hacken.
4 Mit der Sauce vermengen und ziehen lassen.
5 Den Salat mit dem Putenschnitzel und dem Brot anrichten.

Das Minimum an Kohlenhydraten macht den großen Blütenkopf des Blumenkohls zum idealen Lebensmittel für alle, die den Gürtel wieder ein bisschen enger schnallen wollen.

Fitnessdrink

Zutaten für 1 Person
1 Banane • 100 ml Karottensaft • 1 EL Zitronensaft
2 EL Dickmilch (3,5 %) • 1 TL Weizenkeime

1 Die Banane schälen und klein schneiden.
2 Karotten- und Zitronensaft sowie Dickmilch langsam zusammenrühren. Vorsicht, die Zitronensäure kann die Dickmilch gerinnen lassen!

3 Die Weizenkeime hinzugeben.
4 Alle Zutaten im Mixer oder mit dem Zauberstab cremig pürieren.
5 Den Fitnessdrink vor dem Servieren ein wenig aufquellen lassen.

Süße Sünden

Gehören Sie auch zu den Menschen, für die ein kleines Essen oder ein köstliches Menü erst dann vollständig ist, wenn eine süße Speise den Abschluss bildet? Solange Sie die Fett- und Cholesterinbomben vermeiden, brauchen Sie keineswegs auf Desserts zu verzichten. Nutzen Sie die natürliche Süße und das herzhafte Aroma frischer Früchte, um Süßspeisen zu kreieren, die sich mit einer fettreduzierten Ernährung gut vertragen.

Ein süßes Finale

Süße Speisen erfüllen – als Abschluss eines Menüs – eine wichtige Funktion:

▶ Sie liefern für die Verdauungsarbeit schnell verfügbare Energie, da der in süßen Speisen enthaltene Frucht- oder Traubenzucker im Körper schnell in Energie umgewandelt wird.

▶ Der nach dem Essen auftretenden Müdigkeit lässt sich am besten mit schnell verdaulichen Desserts entgegenwirken.

▶ Zuletzt signalisiert ein Nachtisch dem Hirn »Ende der Mahlzeit«.

Süße Speisen, die mit Quark, Joghurt oder Früchten zubereitet werden, müssen nicht sehr kalorienreich sein. Sie enthalten aber viele wichtige Nährstoffe. Denken Sie bei der Wahl der Süßspeise an die Zusammensetzung der Hauptmahlzeit: Nach einem größeren Essen empfehlen sich kleine und kalorienarme Desserts (z. B. Fruchtsalate), bei Eintopfgerichten dagegen kann eine Quarkspeise die passende Ergänzung sein.

Neben der richtigen Wahl der Süßspeise kommt es natürlich auch auf die Größe der Portionen an.

Joghurt mit Erdbeeren

Zutaten für 2 Personen
150 g frische Erdbeeren • 2 Becher Magermilchjoghurt
(150 g) • 1 EL Crème fraîche oder Sauerrahm

1 Die Erdbeeren sorgfältig waschen und putzen. Anschließend vierteln oder mit einer Gabel zerdrücken.

2 Den Magermilchjoghurt und die Crème fraîche miteinander vermischen und unter die Erdbeeren rühren.

Mandarinen-Bananen-Quark

Zutaten für 2 Personen
2 Mandarinen • 1 Banane • 100 g Magerquark
4 EL Milch (1,5 %) • eventuell etwas Honig

1 Die Mandarinen schälen, halbieren und filetieren. Die Banane in Scheiben schneiden.

2 Quark mit der Milch glatt rühren. Das Obst untermischen. Eventuell mit Honig süßen.

Sanddorn-Quarkspeise

Sanddorn enthält viel Vitamin C. Gerade im Winter kann man damit Erkältungen vorbeugen.

Zutaten für 2–3 Personen
250 g Magerquark • 4 EL Sanddornsaft • 2–3 EL Milch

Den Quark, den Sanddornsaft und die Milch in eine Schüssel geben, mit dem Schneebesen glatt rühren und in 2 oder 3 Dessertschälchen füllen. Am besten gut gekühlt servieren.

Apfeltiramisu

Zutaten für 6 Personen
150 g Löffelbiskuits • 2 EL Calvados • 4 EL Apfelsaft
1 kleines Glas Apfelmus • 250 g Magerquark
250 g Frischkäsezubereitung (Halbfettstufe)
1/8 l fettarme Milch • 1 EL Honig • Kakao

1 Auflaufform mit Löffelbiskuits auslegen und mit Calvados und Apfelsaft beträufeln. Das Apfelmus darauf verteilen.
2 Den Magerquark, den Frischkäse, die Milch und den Honig mit dem Mixer verrühren.
3 Über das Apfelmus streichen, kühl stellen und gut durchziehen lassen.
4 Vor dem Servieren mit Kakaopulver bestreuen.

Tip
Rühren Sie den Quark für Quarkspeisen mit einem stark kohlensäurehaltigen Mineralwasser an. Er wird dann besonders cremig.

Quark-Birnen-Torte

Zutaten für 12 Personen
5 Birnen • 2 EL Zitronensaft • 6 EL Margarine oder Butter
3 EL Zucker • 1 kg Magerquark • 14 EL Vollkornhaferflocken
1 TL Backpulver • 2 Spritzer Vanillearoma • 2 Spritzer
Rumaroma • 2 Eiweiß • 4 EL Rosinen

1 Die Birnen schälen, vierteln, entkernen und fein raspeln. Mit Zitronensaft vermischen.
2 Margarine oder Butter, Zucker, Magerquark, Haferflocken und Backpulver mit Birnenraspeln sowie Vanille- und Rumaroma zu einem glatten Teig verrühren.
3 Das Eiweiß steif schlagen und mit den Rosinen unterheben.
4 In eine ~~kleine~~ Springform geben und ca. 60 Minuten im Backofen bei 200 °C backen. oder Blech

Grüne Grütze

Zutaten für 2 Personen
1 Kiwi · 1 grüner Apfel · 100 g grüne Stachelbeeren
1/4 l weißer Traubensaft · 50 ml Waldmeistersirup
2 EL Zucker · 2 EL Speisestärke

Stachelbeeren sind nur selten im Supermarkt erhältlich. Versuchen Sie Ihr Glück besser auf dem Wochenmarkt oder im Obstgeschäft. Sollten Sie auch dort keinen Erfolg haben, können Sie die behaarten Beeren durch grüne Weintrauben ersetzen.

1 Die Kiwi schälen, in Stücke schneiden und pürieren. Den Apfel waschen, vierteln, entkernen und in kleine Stücke schneiden. Die Stachelbeeren gründlich waschen und putzen.

2 Traubensaft, Waldmeistersirup und Zucker aufkochen. Speisestärke mit kaltem Wasser glatt rühren, in den kochenden Sud einrühren und 3 bis 4 Minuten bei mittlerer Hitze ohne Deckel kochen.

3 Apfelstücke und Stachelbeeren in den Sud geben und weitere 3 bis 4 Minuten bei kleiner Hitze kochen lassen. Das Kiwipüree unterheben.

4 Die Grütze in eine große Schale oder in Portionsschüsseln füllen und 1 bis 2 Stunden bzw. über Nacht kalt stellen.

Zitronenquark mit Früchten

Zutaten für 2 Personen
1 unbehandelte Zitrone · 250 g Magerquark · 2 EL Kaffeesahne (10 %) · 2 EL Zucker · 1 Mango · 2 Feigen
1/2 Bund Zitronenmelisse

1 Die Zitrone gründlich unter heißem und kaltem Wasser abspülen und dünn schälen. Die Schale fein würfeln und die Zitrone auspressen.

2 Den Magerquark mit Kaffeesahne, 5 Esslöffeln

Zitronensaft, 1 Teelöffel Zitronenschale und 2 Esslöffeln Zucker verrühren.
3 Die Mango schälen, das Fruchtfleisch in Spalten schneiden. Die Feigen waschen und vierteln.

4 Den Zitronenquark auf Teller verteilen und mit klein geschnittener Zitronenmelisse und der restlichen Zitronenschale bestreuen. Mit Feigen und Mangospalten anrichten.

Früchte in Melone

Zutaten für 4 Personen
1 kleine Wasser- oder Honigmelone (etwa 1,5 kg) • 1 Orange
200 g Erdbeeren • 200 g Weintrauben • 1 Zitrone
2 EL Honig

1 Melone waschen und abtrocknen. Das obere Viertel mit einem scharfen Messer waagerecht abschneiden. Die Kerne mit einem Löffel herauslösen. Das Fruchtfleisch bis auf einen 2 Zentimeter dicken Rand mit dem Löffel herausstechen.
2 Das Melonenfleisch in Würfel schneiden und in eine Schüssel geben. Den Rand der Melone mit einem dekorativen Zackenmuster versehen.
3 Die Orange schälen, die Scheiben filetieren

und in Stücke schneiden. Die Erdbeeren und die Weintrauben waschen, abtropfen lassen, von den Stielen zupfen und halbieren. Die Weintrauben zusätzlich entkernen.
4 Die Früchte zu den Melonenstücken in die Schüssel geben. Die Zitrone auspressen und mit dem Honig verrühren. Die Sauce über den Obstsalat geben, im Kühlschrank kalt stellen. Vor dem Servieren den Salat in der ausgehöhlten Melone anrichten.

Melonen sind durstlöschend wie Limonade und süß wie Schokolade, aber viel gesünder. Sie wirken vitalisierend, verschönern Haut und Haare, kräftigen Knochen und Zähne und verbessern die Eiweißverwertung.

Desserts für Veganer

Basiscreme

(4 Personen)
1 Päckchen Puddingpulver (Sahne- oder Vanillegeschmack)
1/2 l Reis- oder Sojamilch · 200 g Fruchtzucker
200 g Margarine

Auch Veganer müssen auf cremig-süße Desserts nicht verzichten. Die vorgestellten Cremes können Sie übrigens auch zum Füllen von Torten und Kuchen verwenden.

1 Das Puddingpulver mit etwas kalter Sojamilch anrühren. Die restliche Milch mit Zucker zum Kochen bringen, Puddingpulver einrühren und aufkochen.
2 Den Pudding erkalten lassen. Die Margarine schaumig rühren und dann den Pudding löffelweise unterrühren. Dabei sollte man darauf achten, dass der Pudding und die Margarine annähernd die gleiche Temperatur haben, sonst gerinnt die Creme.

Variationen

Die Grundsubstanzen für diese Dessertcreme sind immer die Gleichen. Das ermöglicht ohne große Schwierigkeiten, Neues auszuprobieren.

Schokoladencreme: 80 Gramm Kakao in das Puddingpulver einrühren.
Nusscreme: 100 Gramm geriebene, angeröstete Haselnüsse oder Mandeln mit dem fertigen, noch warmen Pudding verrühren.
Aprikosencreme: 200 Gramm Aprikosenkonfitüre mit dem fertigen, heißen Pudding verrühren.

Über den Autor

Armin Roßmeier kocht bei ZDF und SAT.1 für die Fernseh-
zuschauer. Aufgrund seiner Ausbildung zum Küchenmeister
und diätetisch geschulten Koch ist er Spezialist für eine
gesunde Ernährung. Im Südwest Verlag erschienen von ihm
»Natürliche Diät bei Bluthochdruck« und »Cholesterin durch
Ernährung regulieren«.

Literatur

Rosso, Julee: Great Good Food. Luscious Lower-Fat Cooking.
The New Basic CookBook. Crown Publishers, Inc.
New York 1993
Prevention's: Stop Dieting & Lose Weight. Cookbook. Edited
by Mary Jo Plutt. Rodale Press, Inc. 1994
Speiseöle. Produktinfo Nr. 4. Rapunzel Naturkost. Legau 1995
Rauch-Petz, Dr. med. Gisela: Heilende Biostoffe aus dem
Gemüsekorb. Wer richtig isst, braucht kaum noch Medizin.
Südwest Verlag. 2. Auflage, München 1996

Hinweis

Das vorliegende Buch ist sorgfältig erarbeitet worden.
Dennoch erfolgen alle Angaben ohne Gewähr. Weder Autor
noch Verlag können für eventuelle Nachteile oder Schäden,
die aus den im Buch gemachten praktischen Hinweisen
resultieren, eine Haftung übernehmen.

Bildnachweis

IFA-Bilderteam, Taufkirchen: 20 (Digul), 36 (Diaf); Kerth,
Ulrich, München: 42; Südwest Verlag, München: 1, 2, 4, 66
(K. Newedel), Titel, 28, 56, 58, 65, 71, 80, 84, 88, 96, 106, 120
(D. Albrecht), 16 (N.N.), 38 (M. Nagy); Tony Stone, München:
12 (D. Hanover); Transglobe Agency, Hamburg: 8 (Aloha/
Trizeps), 75 (C. Caspersen)

Impressum

© 1998 Südwest Verlag
GmbH & Co. KG,
München

Redaktion:
Monika Parzinger,
Anja Feise
Projektleitung:
Dr. Alex Klubertanz
Redaktionsleitung und
medizinische Fach-
beratung:
Dr. med. Christiane Lentz
Bildredaktion:
Beate Wagner
Produktion:
Manfred Metzger
Umschlag:
Manuela Hutschen-
reiter, München
Layout:
Wolfgang Lehner
DTP:
Matthias Liesendahl

Printed in Italy
Gedruckt auf chlor-
und säurearmem Papier

ISBN 3-517-08005-5